日本人の〝ご利《り》益《やく》〟信仰

仏教学者
藤井正雄

まえがき

毎年、お正月には、初詣《はつもう》でをする人びとで全国の神社仏閣が、あたかもお祭り騒ぎのようなにぎわいを見せ、その数は、日本人の二人に一人の割合だとまで言われています。また、入学試験のシーズンともなれば、絵馬やお札に祈りをこめて〝合格祈願〟をする受験生たちの姿も見られるようになります。

人びとが参る神社仏閣には、〝合格祈願〟の北野天満宮《きたのてんまんぐう》や湯島天神《ゆしまてんじん》、〝商売繁盛〟の銭洗弁天《ぜにあらいべんてん》、〝安産・子育祈願〟の雑司ヶ谷鬼子母神《ぞうしやきしもじん》などがあり、まさに、日本人は、今も昔も神や仏に支えられて生きているといった感さえあります。

確かに、日本の歴史をふり返ってみても、神道は祭りを通して、日本人の民族意識を一つにまとめあげる重要な役割を果たし、また、仏教も、先祖の霊を祀る仏壇を中心にして、「家」の考え方を維持する役割を果たしてきました。

ドイツの宗教社会学者・ルックマンの言葉を借りれば、神や仏は「見えない宗教」となって、日本人一人ひとりのパーソナルティの中に眠っており、私たちの血となり肉となって、心の奥底に生き続けているということになります。私たちは不幸に見舞われたり、危機的な状況に追い込まれたとき、我知らず心の中で神仏に手を合わせ、神社仏閣に詣でて神主《かんぬし》やお坊さんに祈願や祈禱《きとう》を頼み、憂き身をやつしたりします。これは、それまで心の底に眠っていた「見えない宗教」が、「目に見える宗教」となって現われ出たものと見ることができます。まさに、この「目に見える宗教」こそ、日本人にとっての〝神さま・仏さま・ご利益さま〟ということになるでしょう。

ところで、「苦しいときの神だのみ」とばかりに、神仏の前に祈ったとしてどんなご利益が得られるのでしょうか。確かに、〝家内安全・商売繁盛〟に象徴されるように、物質的な欲望をむきだしにして、神仏にすがろうとする人間の姿は、真の

「祈り」と呼ぶには、ほど遠いものがあります。

しかし、それはまた、例えば、我が身にかえても子どもの生命《いのち》を助けてほしいと、切実に願う親の祈りと同じ根から生まれていることも確かです。ですから、単純にご利益信仰を否定し去ることはできません。


仏教を象徴するものに蓮の花がありますが、汚れきった泥水の中に育ちながらも、その汚れに染まらず美しい白い花を咲かせます。これと同様に、今までは日本人の宗教といえば、ともすると、ドロドロとした地下水の湧れ出た表面だけに注目し過ぎて、地下水そのものを見ようとはしなかったきらいがあったようです。

私は、ブクブクと表面に湧れ出た民衆の素朴な信仰に注目しつつ、同時に、その底に脈打っている日本人の祈る心をしっかりと見定めることにしました。つまり、日本人のだれもが親しんできた〝ご利益〟信仰を通して、日本人の心の中に眠っている祈りを考えようとしたのが、この本だということです。

物質的には豊かになった現代人は、その反面、厳しい生存競争と自己葛藤に心身をすり減らしています。この現代を生きるすべての人びとにとって、この本が、美しい心の花を取り戻すための手がかりになれば、著者としてこれに優る喜びはありません。とかく宗教とか祈りとかというと、「自分は、無宗教な人間だ」と強調する人びとが多いようですが、じつは、そうした人びとにこそ読んでいただきたいのです。

藤井《ふじい》正雄《まさお》

◆目次

(二) ご利益の神々を紹介

第二章　仏教・開祖の〝ご利益《りやく》〟

第三章　ほんとうのご利益とは何か

(一)　祈りはまじないではない

(三) 真の祈りとは何か

本書は一九七四年、ごま書房より刊行された
『ご利益さま』を再編集して復刊しました。

第一章　ご利益《りやく》を求める日本人

㈠ 神仏《かみほとけ》の好きな国民性

合格祈願でにぎわう天神さま

宗教ばなれしたといわれる最近の若い人たちが、神仏にすがろうとする現象は、なにもお守りを身につけるということだけでなく、さまざまなかたちで表われています。たとえば、人生最初の難関である入学シーズンともなると、合格に霊験あらたかとされている神社仏閣は、受験生たちで時ならぬにぎわいを見せます。

東京都内では、二月一日から私立中学、二月中旬から三月にかけて高校、大学の入学試験が行なわれます。関西ではやや遅れて、一月末から三月にかけてが入学シーズンです。このころになると、是が非でも入学させたい両親、合格したい一心の受験生が、全国の社寺をひきもきらずに訪れます。神社仏閣にとっては、まさにかき入れどきのシーズンです。

とくに人気のあるのは、全国に分布する菅原道真《すがわらのみちざね》を祭神とする天神さまで、学問の神様として有名な「三大神社」があり、関東の亀戸《かめいど》天神社と、泉鏡花《いずみきょうか》の『婦系図《おんなけいず》』でお蔦《つた》と主税《ちから》の悲恋物語の舞台となり、歌舞伎、映画、歌に歌われて親しまれている湯島《ゆしま》天神は、土曜、日曜日ともなると、境内《けいだい》は受験生で埋まり、行列ができ上がるほどだといわれます。さらに梅林で有名な谷保《やぼ》天満宮があります。

合格祈願の受験生は、社務所《しゃむしょ》でお守り札などを受け取り、本殿で神主のはらいを受け、祈願絵馬《きがんえま》の裏面に姓名、年齢、祈願内容をしるして奉納することになっています。絵馬を奉納するとその目的がかなえられると聞いて、「××を受験しますが、合格できますように祈願いたします。東京都、○○太郎」と、一生懸命になって願いごとを書く受験生の姿を見た人もいるでしょう。中には誤字、当て字もはなはだしい、こんなことでは合格などおぼつかないであろうというような絵馬も奉納されていることがあります。また、「絶対合格、何が何でも合格」と、神仏に祈るような文句にあらざる言葉で書かれたものもあります。

こうして、湯島天神の本殿のかたわらにある高さ二メートル、長さ十メートルの絵馬掛けには、もうこれ以上掛けられそうもないほどの絵馬が、ちぎれんばかりに重なり合うことになります。亀戸天神の絵馬掛けは拝殿の前、京都の北野《きたの》天満宮は境内の北西のすみにある牛舎にあり、これまた受験生の願いがところ狭しとひしめいています。

このほか、「三人寄れば文殊《もんじゅ》の知恵」といわれる諺《ことわざ》があるように、知恵の権化とされる文殊《もんじゅ》菩薩《ぼさつ》にも、受験生が殺到しています。日本三文殊として名高い奈良県桜井《さくらい》市の安倍《あべ》文殊院《もんじゅいん》、京都府宮津《みやつ》市の知恩寺《ちおんじ》、山形県東置賜《ひがしおきたま》郡高畠《たかはた》町の大聖寺《だいしょうじ》には、参考書をかかえた受験生が緊張した顔つきで押し寄せてきます。

また、地元では「知恵の文殊さん」と親しまれ、学問のお寺として知られる大阪府堺《さかい》市の家原寺《えばらじ》、兵庫県姫路《ひめじ》市の書寫山圓教寺《しょしゃざんえんぎょうじ》や、江戸時代の神官、国学者の荷田《かだの》春満《あずままろ》を祀つる京都伏見区の東丸《あずままろ》神社も、二月、三月は合格祈願の人たちでいっぱいです。

「苦しいときの神だのみ」とよくいわれますが、いったい、こうした人たちの中で、どれほどの人が神の恵みにあずかり、無事合格できるのでしょうか。

ご利益《りやく》を求める善男善女《ぜんなんぜんにょ》

もちろん、「苦しいときの神だのみ」をするのは、若い人びとにかぎりません。むしろ、神や仏を信じないという人びとが神だのみする現象が最近とくに目立つだけであり、昔も今も、日本の善男善女《ぜんなんぜんにょ》は何かといえば神や仏の前にひざまずいて、神仏の加護を祈ったものです。こころみに、鎌倉《かまくら》の宇賀福《うがふく》神社をのぞいてみると、ここも老若男女《ろうにゃくなんにょ》の善人たちでいっぱいです。宇賀福神社といっても首をかしげる人もいるでしょうが、「銭洗《ぜにあらい》弁天」といえば、ああそうかとだれもがうなずくご利益お授けの神社です。

ぎっしりと並んだ鳥居のトンネルをくぐって境内にはいると、奥の洞窟《どうくつ》の中は水たまりがあり、竹のすのこの上に、ざるが用意されています。このざるにお金を入れて洗うと、そのお金はけっして使い果たすことがなく、ますますふえていくというので、とくに巳《み》の日には、熱心な信者が訪れてきます。なかには、お金だけでなく、貯金通帳や投資信託、株券などを洗っている人もいます。

また、おもしろ半分にキャアキャアと嬌声をあげ、紙幣をぬらすとどうなるのかなと騒ぎながら、ざるで水をかきまわす若者たちの姿も見かけます。五円玉ばかりを洗っている人に聞いてみると、五円はご縁につながるからおさい銭でも何でも全部五円にしている、という返事が返ってきたのには驚きました。

つぎに禁酒に霊験あらたかといわれているのが東京・港区虎の門金刀比羅宮《ことひらぐう》になります。禁酒祈願の神社なのでここには、酒のために家庭を破壊された人が、ふたたびもとの平和な家庭を取り戻そうと真剣に祈っている姿が見られます。また、「でんぼ（腫物）」の神さまとして知られている大阪の石切劔箭神社《いしきりつるぎやじんじゃ》は、ガンや腎臓病にまで霊験あらたかと、いっそう信仰を集めています。

このような神社仏閣を訪れるたびに、いかに多くの庶民が神仏に取りすがろうとしているかをつくづく感じさせられます。まさに神社仏閣とは、庶民の切実な、現実の生をよりよく生き抜こうとする欲求が渦巻いているところだということができそうです。

「ご利益」を観光に利用

このような神社仏閣にお参りするのは、神や仏を信仰する熱心な信者だけでなく、今や日本人のすべてが「旅」という名のもとに、年に一度や二度は訪れる観光の名所となっています。ＪＲの駅のポスターを見てみますと、数々の地方の観光案内のポスターが見られますが、そこには、神社仏閣の行事案内が載っています。

受験シーズンにはいったころのこと、東京・霞ケ関《かすみがせき》の地下鉄の〝東京のこころ〟

というポスターがあって、つぎのような名文句がありました。

「今年も春から縁起がいい、
すすきのみみずく鬼子母神《きしもじん》、絵馬に願かけ湯島天神《ゆしまてんじん》入学祈願、
神谷町《かみやちょう》ぶらり老舗《しにせ》のそば食べて、赤坂見付《あかさかみつけ》で一休み、
人形町《にんぎょうちょう》は七福神《しちふくじん》人形焼、えーいと開運乃木《のぎ》ひょうたん、
今年もいいことあるように、さて霞ケ関からどちらへ」
まさに、地下鉄沿線の神社仏閣のオンパレードといったところですが、信仰とも観光ともつかない参詣人の増加は、正月の初詣でからすでに始まっています。
東京の明治神宮は正月三が日の日本一の参詣人で賑わっています。

日本人の半分が正月に初詣でをすると、二月には節分という行事が待っており、「鬼は外、福は内」と、除災招福の祭りがどこの家庭でも行なわれます。三月、五

月のお節句、七夕、盆、彼岸、祭りといった行事を見ていくと、そこには神道、儒教、仏教を起源とする行事が織《お》り合わされ、私たちの生活に深くはいりこんでいることがわかります。さらには、十二月のクリスマスとなり、キリスト教までが加わって、神道で新年を迎え、徐夜の鐘を突いて仏教で締めくくるという、一年中がまさに宗教のオンパレードです。

三月と九月のお彼岸には、新聞やテレビで報道されますように、先祖の墓参りの帰省客でどこの駅や空港もごったがえしています。お盆には、地獄の釜のふたが七月一日に開いて十三日には先祖の精霊が帰ってくるというので、大勢の帰省客であふれかえります。

こう見てくると、「日本人ほど信心深い民はないのではないか」という気がしてきたとしても不思議はないでしょう。しかも、現代において、その信心はますます隆盛を告げ、現代人は、いつも、神や仏と隣り合わせで生きているとも言えなくはないのです。

ここで、私たちの一生について見てみましょう。私たちはたまたま、日本人として生まれてきましたが、神仏との関係は、誕生後のお宮参りに始まります。正確には、私たちが母のお腹の中にあるとき、すでに水天宮《すいてんぐう》で安産祈願をし、妊娠五ヵ月の戌《いぬ》の日には岩田帯をしているわけですから、生まれるまえから神仏に囲まれて生きているのだといえます。そのあとすぐに七五三で鎮守さまのお世話になり、つづいて入試……、結婚式は神さま、最後には仏さまに見守られて極楽浄土へといったように、生まれるまえから一生を終えるまで神仏との関係が続いているのです。

神仏とは、日本人にとって何なのか

このように、私たち日本人と神仏との関係は、切っても切れないものがありますが、いっぽうでは「日本人は、多宗教で無宗教の民族」というレッテルがはられているのも事実です。海外に出かけるさい、書類の中に「信仰する宗教」を書き込む欄がありますが、たいていの人は「無宗教」と記入するといわれています。「無宗教」といったら海外で警戒され、ホテルの宿泊を断られたという話もあります。ここで、宗教という言葉についてちょっと考えてみる必要がありそうです。

「宗教」という言葉が、西洋の「レリジョン」の訳語として用いられたのは、明治二年一月十日神奈川で調印された日本とドイツ北部連邦との修好通商条約の第四条が最初です。もちろん、「宗教」という用例が、和漢の典籍になかったわけではありません。たとえば、『碧巌録《へきがんろく》』や『宗鏡録《すぎょうろく》』（仏教という意味）にも使われていますが、その意味・内容は、仏教・神道・民間信仰をすべて含めた、現在用いられている「宗教」とは異なったものでした。明治八年の教務省《きょうむ》の書類の中でも、「宗教」、「信教」という言葉が両方用いられています。

現在のような形で一般化されたのは、おそらく明治十四、五年から後のことで、それまで一般的に用いられたのは、「宗旨《しゅうし》（宗派）」という言葉です。年配の方に、

「あなた（家）のご宗旨は何ですか」とお聞きになったら、「浄土宗です」とか「天台宗です」という答えがすぐに返ってくるでしょう。ところが、「あなたの信仰は」と聞かれたら、今でもとまどう人が少なくありません。

じつは日本では、「宗教」という言葉や「信仰」という言葉は、生活の中であまり必要性を感じられていなかったのです。ヨーロッパで、宗教の概念がなければ社会・政治・経済も論ずることはできないのとは、いささか事情が違っています。明治以降、西洋の文物がつぎからつぎへとはいり、そして、幕末から胎動していた金光《こんこう》教、黒住《くろずみ》教、天理《てんり》教……といった民衆宗教が生まれてくると、当然、宗教一般に対する反省が生じてきます。その結果、「宗教」という言葉も用いられるようになったといえましょう。

年に数回は、神社仏閣にお参りするという現代人の中で、自分の家に代々伝わる「宗旨」について、はっきりと答えることのできる人はごくわずかです。そんなわけですから、「神仏に対して〝ご利益〟を願うのは低いレベルの宗教である」という考えを持つ人も少なくありません。

現在のような混沌《こんとん》たる世相を反映してか、多くの人が宗教に関心を寄せてきていることは事実です。仏教書がよく読まれ、本屋には仏教書のコーナーや、それに並んで占いのコーナーも設けられるようになってきたのも、その傾向の反映と見ることができます。

信仰を失いながら信仰を求める現代人

このような事実を見てくると、現代人は、高度に発達した経済がもたらした自由さの一方で、じつは人間にとって根源的な不安にとらわれ、心のよりどころを求めていると考えないわけにはいきません。確かに、一方では宗教をレジャー化し、神や仏を、観光や物見遊山と同列に扱う傾向が、現代人にあることは否定できません。また、もはや多くの家庭にあって、仏間《ぶつま》は無くなりつつあり、在ったとしても盆と彼岸のときに扉が開かれるだけの存在であり、遺骨は平気で電車の中に忘れられ、無縁仏はますますふえるといった宗教離れや無宗教性もあります。

一見正反対に見える〝宗教ブーム〟と、こうした〝無宗教性〟の浸透が、じつは同じ根から出ていることも、こう見てくるとうなずけるのではないでしょうか。

にもかかわらず、いやもしかするとだからこそかもしれませんが、現代人は一方で心のよりどころを、意識するしないにかかわらず神仏に求めているということがうかがえます。

占いや予言や、超自然現象に異常な興味が示されるのも、こうした現代人の意識と無関係ではないでしょう。何らかの形で、自分を超えたもの、人間を超えたものに向かいたい、「宗教」とは広い意味でこうした心情から生まれるものだといえます。ただ、現代の若者が占いや予言に凝っている状態が正しい信仰、つまり彼らが心の底から求めているものをさぐり当てるに適切な道だとは思えません。

現代人は信仰を失いながら信仰を求めている、ということもできます。けれども、その中身はどのようなものでなくてはならないのか。これが、私たちの直面している最大のテーマといえます。

まずは、ご利益をもたらしてくれる対象である神仏と、神社仏閣について、話をすすめていくことにしましょう。

(二)　ご利益の神々を紹介

神々のデパート・伏見稲荷《ふしみいなり》

江戸川柳に、「町内に伊勢《いせ》屋稲荷に犬のふん」というのがあります。江戸の町に多いものとして、伊勢屋という屋号の店、犬のふんと並んでお稲荷さんがあげられているわけですが、現在でも、全国に十一万社ある神社の中で、その三分の一以上に当たる四万社が、稲荷社です。個人の屋敷神として祀られている祠《ほこら》などを加えますと、幾百万になるか見当がつかないといわれています。この事実は、いかにお稲荷さんが日本人の心をとらえた神であるかを物語っています。このお稲荷さんの総本家に当たるのが、伏見稲荷大社です。

一般に三大稲荷などといいますが諸説あり、京都市の伏見稲荷は別格として、茨城県笠間市の笠間《かさま》稲荷神社、佐賀県鹿島《かしま》市の祐徳《ゆうとく》稲荷神社、愛知県の豊川《とよかわ》稲荷、岡山県の最上《さいじょう》稲荷などが挙げられます。豊川稲荷は、曹洞宗妙厳寺《みょうごんじ》の山門鎮護の守護神で、豊川吒枳尼眞天《とよかわだきにしんてん》と呼ばれ、伏見稲荷をはじめとする神道では、宇迦之御魂大《うかのみたまおお》神《がみ》を祭神としています。ここでは、神々のデパートといわれる伏見稲荷をのぞいてみることにします。

　インバウンドに大人気の伏見稲荷ですが、伏見稲荷に詣でて、まずもっとも強い印象を受けるのが、山中にある千本鳥居です。山中には、一ノ峯、二ノ峯、三ノ峯の三ヶ峯と、間《あい》の峯、荒神峯《こうじんみね》の峯々が並び、峯々のあいだに小さな祠《ほこら》が祀られています。このお山には、一万基にも及ぶお塚がありますが、俗に〝お山めぐり〟といって、多数の巡拝者でにぎわっています。

　お塚というのは、信者が稲荷の山の各所に建立《こんりゅう》したさまざまな神蹟で、自然石に神の名を刻みつけて台座の上に立てられています。お塚の前は、ミニチュアの赤鳥居が立ち並び、お供物《くもつ》が供えられ、燈明《とうみょう》の火は絶えることを知りません。お山はお塚の世界で、信者はみずから建てたお塚にお参りし、あるいは他人の建てたお塚を参拝します。お塚は建立した人たちだけの神だけではなく、他人のお塚を参拝すると建立者が喜ぶといわれているからです。

各峯々に、稲荷大神の無限の力を末広《すえひろ》という言葉で表わした上《かみ》ノ社《しゃ》末広大神、霊徳の偉大さを白菊になぞらえた下《しも》ノ社《しゃ》白菊大神、そのあいだに、長者社《ちょうじゃしゃ》・薬力社《やくりきしゃ》といったお塚の群れが並んでいます。生命・大地・生産の神である稲荷の〝みたま〟が信者の祈りによって発動し、その願いがそのまま神名になっているわけです。その中に、一般に「おせきさん」と呼ばれる「おせき社」があります。

伏見から山科《やましな》へ道が分かれる分岐点の関からきた名であるといわれる「おせきさん」は、現在では風邪ひきや喘息に効く神さまとして知られています。咳が出て困っているとき、「おせきさん」宛に手紙を出すと治してもらえると信じられており、毎日のように、郵便配達員がこの祠の前の郵便受けにハガキや手紙を運んでいます。お塚の向かって右脇にある三段の状差しは、いつもいっぱいになるほど手紙やハガキが寄せられており、「咳で困っておりますのでこのハガキが着きしだいどうぞお治しくださ い」といった文面が書かれています。治るとまた、「どうもありがとうございました」といった礼状が届くという具合で、信者の人びとは、まるで友だちに手紙を出すのと同じように、神とコミュニケーションを行なっているのです。

許可を得て読んでみると、咳だけでなく、交通事故にあって治療費にこと欠く経済的状態を救ってほしいと頼む願い文、子どもが生まれてアパートの追い立てを大家に迫られているが、助けてほしいという願い、高く土地が売れるように、といったような文面が数多く見られます。咳にじつに効く神さまなので、きっとほかの願いも叶えてくれるに違いないという確信が、いつとはなしにお稲荷さんを万能のご利益の神さまに祀《まつ》りあげてしまったものと推測されますが、人びとの生活の苦しみがじかに伝わってくるような気がしたものです。

はじめて伏見稲荷大社を訪れて、自分を病気や災害から加護してくれる守護神として、また家内安全、商売繁盛の神さまとしてお祀りしたいと希望すれば、本殿の脇にある受付に申し込めば万事こと足りる仕組みになっています。祈禱のあと分霊してもらえますし、受付には各種のお守りをはじめ、お札・おみくじ、福銭守・絵馬などが、入手可能になっているのです。講員になれば、講員台帳に登載《とうさい》されますから、毎日毎夕、家内安全・家運隆昌《りゅうしょう》・生業繁栄《せいぎょうはんえい》が祈願され、十月十、十一日には講員大祭が執行され、お供物・記念品・稲荷暦《いなりごよみ》などが授与されます。

お塚には、民間行者や巫女《みこ》から、病気を治すためにはどこどこの大塚に祀られている神さまを分霊勧請《かんじょう》したらよいといわれて、探し回る人たちの姿も見られます。三ッ辻から御産場までは大社とは無関係の民有地ですから、民家が建ち並んでいます。お塚を建ててご利益があると、また感謝の意を表わすために同じ台座の上に別の神名をしるした石を乗せて祀るのであり、神が神を呼び、塚が塚を呼んで、お山ははちきれんばかりです。なかにはお塚をみずからの墓場のように考えて建てる人もいるそうです。峯々でローソク・線香が売られ、自分の願いを叶えてくれるお塚を探し求めて祈願する信者が群がっている姿は、さながらデパートの特売品売場のようです。

一日のお参りで四万六千日の功徳《くどく》がある浅草寺《せんそうじ》

つぎにご利益の仏の代表として多くの参詣人を集め、「浅草の観音さま」の名で親しまれている浅草寺をあげることができます。七月十日は四万六千日といって、一日お参りしただけで四万六千日のあいだ日参しただけの功徳が得られるといわれ、ホウズキ市《いち》も出てひじょうなにぎわいを見せます。この日は、聖観音の最高功徳の日で、危難よけの雷除守札が売られ、これを買って髪にさして帰る女性の姿が夏の浅草の風物詩であったといわれています。

全国一の参詣人を集めるだけに、その年中行事も多彩で、四万六千日のほか、九十日の功徳があるとされる二月の末日、百日の功徳があるとされる元旦、三月四日、四月十八日、五月十八日、四百日の功徳があるとされる六月十八日、十月十九日、四千日の功徳があるとされる八月二十四日、十二月十九日、六千日の功徳があるとされる十一月七日というように、観音さまの功徳日が設けられています。

また、仏祖、お釈迦さまにちなんだ行事として、誕生日である仏生会《ぶっしょうえ》（花祭り）、悟りを開かれた日を記念する成道会《じょうどうえ》、なくなられた忌日《きじつ》の涅槃会《ねはんえ》があります。

浅草寺は戦後独立して聖観音宗となりましたが、戦前までは天台宗に属していた関係から、宗祖の忌日に営まれる山家会《さんげえ》・天台会《てんだいえ》、浅草寺の開山上人忌である勝海《しょうかい》上人忌修《しょうにんきしゅ》、そして、古式の行事として正月の修正会《しゅしょうえ》、節分会《せつぶんえ》が行なわれています。

　さらに、先祖供養としては春秋の彼岸会《ひがんえ》、盂蘭盆会《うらぼんえ》、施餓鬼会《せがきえ》、燈籠大供養会（燈籠流し）、十夜法要会《じゅうやほうようえ》、百万べん念仏会が行なわれます。また、一三三四年の昔、ご本尊である聖観世音菩薩が海中より出現された日を記念する本尊示現会《ほんぞんじげんえ》が三月十八日に行なわれています。この日には特別祈禱の紅札が授与され、金竜《こんりゅう》の舞《まい》のほか、一日中多彩な催しが行なわれます。

三が日は、開運厄除のお守りを授与する初詣で大祈禱会が催されます。六月十八日は悪疫消除の加持が行なわれる楊枝浄水加持会《ようじじょうすいかじえ》、十月十八日は菊供養会（供華会《くうけえ》）が催され、この日には延命長寿加福の加持法楽が営まれ、金竜の舞が奉演されます。十月二十八日は写経供養会で、写経納経者の諸願成就が祈られます。十一月十五日は、七五三の息災延命《そくさいえんめい》の加持をする七五三祝寿加持会《しゅくじゅかじえ》が催されます。

　このほかに、招福除災《しょうふくじょさい》の牛頭天王《ごずてんのう》の宝印《ほういん》の加持法会《かじほうえ》を営む一月五日の牛王加持会《ごおうかじえ》、日常使い古した針の労苦をねぎらう二月八日の針供養、そして、正月、五月、九月のそれぞれ二十八日に行なわれる正五九《しょうごく》大護摩会、十二月十七日、十八日は恵比須大黒天の御影《みえい》が配られ、縁起小判が授与される納めの御縁日（浅草歳の市）、十二月二十二日は厄除のお守りを授ける星供養会が催されます。そして、毎月一日にはその月の息災、増益を祈願して大般若経《だいはんにゃきょう》六百巻の転読法要が営まれます。

一般に霊験あらたかとされる社寺には、いつお参りしても功徳が得られるといった観音霊場とか、特定の行事、お祭り、法要などに行なわれる日に出されるお守りを受けないと効果がないという社寺とか、お参りするだけでなくて祈禱して初めて功徳が得られるといった祈禱所などがありますが、浅草の観音さまは、このすべての機能を備えているご利益の見本市といえるでしょう。

多種多様のご利益を授ける神社仏閣

浅草寺のほか、関東三山として知られる真言宗の成田山新勝寺《なりたさんしんしょうじ》、高尾山薬王院《たかおさんやくおういん》、川崎大師平間寺《かわさきだいしへいけんじ》、曹洞宗の三大祈禱所として有名な豊川稲荷《とよかわいなり》、大雄山最乗寺《だいゆうざんさいじょうじ》、龍澤山善寳寺《りゅうたくさんぜんぼうじ》をあげるまでもなく、仏教のお寺にも多種多様の現世利益の仏、菩薩が祀られ、ご利益を求める人びとでにぎわっています。

ふつう、お寺を機能的に分類すると、先祖の追善回向《えこう》を主とする回向寺と、加持祈禱を主とする祈禱寺に分けられますが、庶民の現世利益の対象となるのは祈禱寺です。回向寺でも、仏、菩薩如来、大師などが祀られ、ご利益を求める人びとが連日のように押し寄せています。

なかでも観音菩薩は慈悲の権化で、この名をとなえる人には、火難、水難などの七難を消滅し、あらゆる人生の苦しみや悩みを取り除き、男女の縁、子宝はもちろんのこと、飲食、衣服、臥具、医薬を授けてくれる仏とされています。経典にも、観音菩薩は人びとの悩み、苦しみに応じてその身を三十三の姿に変えて法を説き、功徳を与えてくれる仏だと書かれています。

観音霊場といわれるものも、西国《さいごく》、坂東《ばんどう》、江戸《えど》、相模《さがみ》、京都三十三ヵ所、秩父三十四ヵ所など全国にわたっています。また日々、国家万民を守護するという三十番神、眼病の薬師如来《やくしにょらい》や、女妻《めぬま》、生駒《いこま》、大井の聖天《しょうてん》、布袋《ほてい》、毘沙門天《びしゃもんてん》、弁財天《べんざいてん》、大黒天《だいこくてん》などの七福神、不動《ふどう》、愛染《あいぜん》などの明王《みょうおう》、青竜《せいりゅう》、飯縄《いいずな》の大権現《だいごんげん》などの権現、さらには、明神、妙見など、神・儒・仏・民間信仰が習合した諸神、諸仏がお寺に祀られ、人びとの信仰対象となっています。

このような現世利益を看板とする神社仏閣が発行する祈禱札も多様で、ざっとあげてもつぎのようなものがあります。

国家安穏《あんのん》、五穀豊穣、豊漁祈願、世界平和、家内安全、商売繁盛、業務上達、笑門来福《しょうもんらいふく》、防災消除、安産祈願、子孫繁栄、大願成就、立身出世、無病息災、諸病平癒、身体健全、厄除開運、福徳開運、宝籤的中《ほうせんてきちゅう》、良縁祈願、恋愛成就、学業上達、合格祈願、航海安全、海上平安、渡航安全、交通安全、工事安全。

人それぞれに、いかにさまざまな願いや悩みが多いか、今さらながら驚かされます。これらの祈禱札をいくつかに分類してみればまず、諸病平癒・身体健全・立身出世・恋愛成就・学業上達など、個人的レベルの願いをあげることができます。いっぽう、それらの個人はそれぞれの生活の場をもっており、家内安全・子孫繁栄などの家レベルの願いがあります。また、商売をしていれば商売繁盛、漁民でしたら豊漁祈願、会社経営者やサラリーマンならば業務上達と、生活の場である家を支えている生業レベルの願いがこれに対応してきます。

そして、農村ならば地域共同体の繋がりが深く、都市では「隣の人は何する者ぞ」で隣人とのつきあいは少ないとはいえ、地域社会に住む共同体の一員として、国家安穏・渡航安全・交通安全・天災、人災などの除災招福が願われ、さらには人類の繁栄と世界平和にまで人びとの願いは展開していきます。これをかりに地域社会の一員の願いと見てみましょう。すると人間の願いには個人、個人の生活する場としての家、家の繁栄を支える生業、家のある地域社会の成員としての願いという四つのレベルの願いに分けることができます。

このように、神社仏閣で発行される祈禱札ひとつをとりあげてみても、そこには、人間が人間としてよりよく生きていこうとする願いがこめられていることを知ることができます。日本の神仏は、人生のあらゆる部面にわたって、こうした願いを叶えてくれる利益神として、私たちに君臨しているのです。

ご利益を授けてくれる仏さま

これまで、どんな神社仏閣が、どんなご利益を授けてくれるのかを見てきましたが、ここでは焦点を仏さまに合わせて、どんな仏さまがどんなご利益を授けてくれるかを見ていくことにしましょう。お寺には、いろいろな仏さまが祀られていますが、伝統的に、如来部、菩薩部、明王部、天部、その他の五種に分けるのがふつうです。

如来というのは仏の別名で、サンスクリット語ではブッダ、つまり悟りを開いた人を意味しています。如来の中でも有名なのが、釈迦《しゃか》如来、阿弥陀《あみだ》如来、薬師《やくし》如来、大日《だいにち》如来、盧遮那仏《るしゃなぶつ》、阿閦《あしゅく》如来、宝生《ほうしょう》仏などで、たとえば薬師如来は、万病を治し、福徳を与え、とくに眼病を癒《いや》す仏さまとされています。

菩薩は、菩提薩埵《ぼだいさった》の略で、みずから悟りを求める自利行《じりぎょう》とともに、多くの人びとを救う利他行《りたぎょう》を主眼とする修行中の仏弟子のことをいいます。ですから、その仏像の姿形は俗人の形につくられ、僧形になってはいないところに特徴があります。しかし、服装は貴人のもので、宝冠、耳飾り、腕輪など、特有の装身具を身につけています。菩薩にはいくつかの修行の段階があり、最高位の段階に達すると、如来の補処の菩薩と呼ばれます。これはほどなく如来になれる地位を意味するものです。日本では有徳の僧に朝廷から賜わる称号とか、また高僧を尊称する名まえにも使われ、たとえば行基《ぎょうき》菩薩、日蓮大菩薩の例がそれです。

菩薩像としては、三十三の姿にその身をかえて、諸願成就、いっさいの病・恐怖を除き、罪を滅する観音菩薩、知恵を授け、学業を成就させる文珠菩薩、弥勒《みろく》菩薩、虚空蔵《こくぞう》菩薩、勢至《せいし》菩薩、普賢《ふげん》菩薩、子育て、子授け、安産のご利益のある地蔵菩薩のほか、日光・月光《がっこう》菩薩、薬王《やくおう》菩薩、馬鳴《めみょう》菩薩、二十五菩薩などが知られています。

明王というのは、仏の変身と考えられ、教化しがたい衆生を救済する担い手として、多くは忿怒《ふんぬ》の形で表わされます。不動《ふどう》明王、降三世《こうざんせ》明王、軍荼利夜叉《ぐんだりやしゃ》明王、大威徳《だいいとく》明王、金剛《こんごう》明王、虚空《こくう》明王、愛染《あいぜん》明王、大元帥《だいげんすい》明王があり、孔雀《くじゃく》明王だけは慈悲の姿をとっている明王です。不動明王は、悪魔、煩悩を払い、商売繁盛、交通安全、海上安全、学業成就、芸能上達、事業完成の仏さま、愛染明王は、災害消除、敬愛、美貌、縁結びの仏さまとされています。

天部は、インドの土着の神々や、婆羅門《ばらもん》の神々、魔王たちが仏教に取り入れられ、守護神となったもので、梵天《ぼんてん》、帝釈天《たいしゃくてん》、帝釈天につかえ仏法に帰依する人を守護する持国天《じこくてん》（東方）、増長天《ぞうちょうてん》（南方）、広目天《こうもくてん》（西方）、多聞天《たもんてん》＝毘沙門天《びしゃもんてん》（北方）の四天王《してんのう》がよく知られています。十二神将《しんしょう》、金剛《こんごう》力士などの親王形《しんおうけい》は、中国式の冑《かぶと》をつけており、自然が神格化された吉祥天《きっしょうてん》、弁財天《べんざいてん》、梵天《ぼんてん》、日天《にってん》、月天《がってん》、火天《かてん》、伎芸天《ぎげいてん》などは、天女の形で天衣をまとっています。

また、仏法を護持する龍王《りゅうおう》、夜叉《やしゃ》、阿修羅《あしゅら》などの天龍八部衆《てんりゅうはちぶしゅう》、男女が抱擁した姿をとる歓喜天《かんぎてん》や、韋駄天《いだてん》、三宝荒神《さんぽうこうじん》などがあります。弁財天は名誉、福徳、および弁舌、知恵、記憶、音楽などの諸機能を授ける仏さまとして、吉祥天は福徳、歓喜天（聖天）はあらゆる病気、災難を除き、富貴、財福を授ける仏さまとして、人びとに親しまれています。

これらの仏さまを祀っているお寺には、それぞれのご利益をうたったパンフレットが用意されていて、善男善女の参詣を待っています。まさにいたれりつくせりといったところですが、「この世には、神も仏もいないのか」と嘆く人もいるところを見ると、仏さまも万能ではないのでしょうか。

インドの俗神だった仏を祀る豊川稲荷《とよかわいなり》

今お話ししたように、〝仏さま〟と一口にいってもさまざまな仏がいて、ほぼ五種類に分けられるわけです。くり返せば、如来部、菩薩部、明王部、天部、その他のものということになります。そこで、俗にご本尊さまとも呼ばれているこれらの仏さまたちのうちでも、私たちの生活に深くはいり込んでいるもっとも身近なものをいくつかご紹介します。

まず、はじめに豊川稲荷ですが、これは、同じお稲荷さんでもまえにお話しした伏見稲荷とは違います。伏見稲荷が、民間の神々をまるでデパートのように種々雑多に祀った神社だったのに対して、豊川稲荷の場合は、天部に属する豊川吒枳尼眞《とよかわだきにしん》天《てん》という仏を本尊にしています。つまり、前者は神道系で、後者は仏教系ということになります。

さて、豊川稲荷といえば、開運出世のご利益で知られていますが、正式の名まえを圓福山妙嚴寺《えんぷくさんみょうごんじ》といい、ご存知のように愛知県豊川市にあります。一般的には豊川稲荷の名をもって知られ、嘉吉《かけつ》元年（一四四一年）、寒巌義尹《かんがんぎいん》の六代の弟子、東海《とうかい》義易《ぎえき》和尚を開祖として創設されました。

寺伝によれば、義尹幼少のころ比叡山《ひえいざん》にのぼり、のち宇治《うじ》の興聖寺《こうしょうじ》で道元禅師《どうげんぜんじ》に師事しました。康元《こうげん》年間（一二五六〜一二五七年）、入宋して帰朝した折りに、船に白狐《びゃっこ》に乗った霊神が現われ、「私は吒枳尼眞天である。これからあなたの法を守り、あなたの教えに帰依する者を守って、安楽を授けてやる」といったので、義尹はのちにその姿を刻み、護法の善神にしたといわれます。

吒枳尼眞天はもともとインドの俗神で、神通力を持つ鬼神でした。人間の死を六ヵ月まえに予知し、その人の心臓を取って喰うといわれる悪神だったのが、のちに仏教に帰依し、護法の善神になったのです。

お稲荷さんといえば、だれでも狐を想い浮かべるように、全国どこの稲荷神社に行っても、かならず狐が祀られています。なぜ稲荷と狐が結びついたのかについては、さまざまな説がありますが、一般に、狐を霊的動物と考えていたことは確かで、豊川稲荷の場合は、豊川吒枳尼眞天がまたがっている白狐に由来しているということになっています。

豊川吒枳尼眞天は、妙厳寺の鎮守として祀られていて、古くから織田信長《おだのぶなが》、豊臣《とよとみ》秀吉《ひでよし》、徳川家康《とくがわいえやす》、今川義元《いまがわよしもと》らの武将の帰依を受け、江戸の名奉行としてその名をとどろかせた大岡越前守《おおおかえちぜんのかみ》も、その邸内にこの吒枳尼天を安置したと伝えられています。

安産・子育てのご利益神・雑司ヶ谷鬼子母神《ぞうしがやきしもじん》

〝ススキのミミズク〟で知られた雑司ヶ谷の鬼子母神は、法明寺《ほうみょう》に祀られていますが、ここは、弘仁《こうにん》元年（八一〇年）に慈覚大師円仁《じかくだいしえんにん》の創建による天台宗の寺院でした。日蓮《にちれん》の弟子日源《にちげん》が、日蓮宗に改宗して以来日蓮宗に属し、現在では、通称雑司《ぞうし》ヶ谷鬼子母神《やきしもじん》として知られています。

東京都豊島区雑司ヶ谷三丁目にあり、本堂は焼失しましたが、元禄《げんろく》年間（一六八八〜一七〇四年）にできた鬼子母神堂が現在残っています。

ところで、ススキのミミズクの玩具がなぜ有名になったかですが、享保《きょうほう》のころ、一人の孝行娘が、親の病気に買う薬代にこと欠いていたところ、鬼子母神のお告げがあって、ススキの穂でミミズクの玩具をつくり、それを売って薬代にして助かったという話に由来しています。

ここの鬼子母神の神像は、永禄四年（一五六一年）に雑司ヶ谷の柳下若狭守《やなぎのしたわかさのかみ》の下男が護国寺《ごこくじ》の西側の畑を耕しているときに発見した仏像であると伝えられています。また、前田利常《まえだとしつね》の三女満姫《まんひめ》が深く信仰をして、病の平癒《へいゆ》を祈ったともいわれ、その願いがかなって以来、前田家一族はこの鬼子母神の外護者《げごしゃ》になったといわれています。

さて、鬼子母神の由来ですが、豊川稲荷の豊川吒枳尼眞天と同様に天部に属します。鬼子母とは、般闍迦《はんじゃが》という鬼神の妻で、子だくさんでありながら、いつも他人の子どもをさらっては食べていたという恐ろしい女でした。鬼子母の子どもは、「雑宝蔵経《ぞうほうぞうきょう》」では一万人、「鬼子母経」では一千人、そのほかの経典では五百人ともされているほど多かったといわれます。

子どもを喰われた王舎城《おうしゃ》下の人びとの嘆きを聞いた釈尊は、鬼子母がいちばん可愛がっていた末っ子の嬪伽羅《ぴやんから》を鉄鉢《てっぱつ》の中に隠してしまいます。鬼子母は嘆き悲しみ、狂乱状態になって、七日のあいだ、上は天上界から下は地獄まで、愛児の行方を探し求めました。
しかし、どこにも愛児の姿はなく、心身ともに疲れはてた鬼子母は、絶望の悲嘆にくれて多聞天《たもんてん》を訪ねます。そして多聞天から釈尊のもとに行き、うやうやしく釈尊の前で礼拝し、「世尊よ、私は愛児を何者かに奪われてしまいました。いまだに行方がわかりません。私の子どもは、いったいどこにいるのかお教えください」と心から懇願しました。

しかし、釈尊は「五百人という大勢の子どもの中で、わずかにその一子を失ったからといって、なぜ苦しみ悩み、探し求めるのだ」と逆に詰問しました。鬼子母は「たとえ何百人の子どもがありましょうとも、子どもは皆同じように可愛いものでございます」と答えたのです。釈尊はさらに続けて、「たった一人の子を失って、それほどまでに嘆き悲しむのなら、一人、二人の子どもを持った他人の子どもをなぜさらって食べたのか。その子どもを失った両親の嘆きを考えてみたことがあるのか」と鬼子母を責めました。

こうした問答の末にすっかり改心した鬼子母は、愛児の元気な姿に接して誓いを立て、今後は安産と子どもの守り神になったといわれています。ですから鬼子母神の姿は、端麗《たんれい》・豊満な天女像で、右手に吉祥果の実を持ち、左手で膝の上と懐にそれぞれ幼子を抱き、足のあたりにも幼子の姿が描かれているのがふつうです。現代にいたるまで、雑司ヶ谷にかぎらず、「恐れ入谷《いりや》の鬼子母神」で有名な東京・入谷の真源寺《しんげんじ》など、鬼子母神が安産・子育ての神として広く庶民に親しまれてきたのも、この鬼子母神伝説にあるといえるでしょう。

飢饉《ききん》・疫病《えきびょう》にご利益・柴又帝釈天《しばまたたいしゃくてん》

映画「フーテンの寅さん」の舞台としても全国にその名を知られている柴又帝釈天は、中山法華経寺の末寺であり、正しくは寺名を題経寺《だいきょうじ》といいます。東京都葛飾《かつしか》区柴又町にあり、現在では題経寺の正門にいたる両側の街道の店には、寅さんせんべいまでも売られているほど庶民の寺として繁盛しているようです。庚申《こうしん》の日が縁日で、江戸、明治を通じてにぎわった帝釈縁日や名物の草だんごはあまりにも有名です。

本尊の帝釈天は、やはり天部の仏であり、この像は日蓮の作と伝えられています。長さ八〇センチ、幅五センチの板で、片方の面は諸菩薩・諸天を描いた曼荼羅《まんだら》で、左右にご利益文が書かれ、日蓮上人の花押《かおう》（署名）があります。片面は帝釈天王の影像です。これは板本尊《いたほんぞん》と呼ばれ、その印像《いんぞう》は飢饉、疫病流行の消滅にご利益があるとされています。

ちょうど私の家が柴又帝釈天の近所にあるので、幼稚園に通っていた娘を連れて参詣したことがありますが、その帰りに、草だんごを食べていたとき、隣にすわった老婆が「もし子どもがかんの虫でも起こしたら、これを飲ませなさい。ひじょうによく効きますよ」といってご本尊の印像を渡されたことがあります。押しいただいて帰ってきたのですが、いまだに仏壇にあげたままで、試すチャンスのないのは残念のかぎりです。

お地蔵さまの代表・とげぬき地蔵

地蔵尊といえば、だれにでも、子どものころ〝お地蔵さま〟といって親しんだ覚えがあるはずです。その中で、若い人たちにも広く知られているものの一つにとげぬき地蔵があります。正しくは、萬頂山高岩寺《ばんちょうさんこうげんじ》といい、東京都豊島《としま》区巣鴨《すがも》にあって、慶長《けいちょう》元年（一五九六年）、扶嶽太助《ふがくたいすけ》の創建によるものとされています。本尊は、小石川の田付《たづけ》という妻女の守り本尊です。その女性が病に伏していたおり、この地蔵尊が夢にあらわれて、印像を授けてくれたので、印像を一万体印刷して、両国の川に流したところ、病がいっぺんに回復したといわれています。これが、守り本尊の由来です。

ここで、地蔵尊信仰についてすこしお話ししましょう。まず、お地蔵さまというと、仏教ではなく民間信仰の守護神のように受け取っている人が多いのではないでしょうか。ところが、本来、地蔵尊とは釈迦が没してから、釈迦の代わりとして弥勒《みろく》菩薩が人間世界に現われるまでの五十六億七千万年の空白期間を埋めるために使わされた菩薩です。まえにお話しした仏の五つの分類でいうと、菩薩部に属し、正しくは地蔵菩薩と呼ばれています。仏の資格をもちつつも修行僧の姿で、六道《ろくどう》（地獄《じごく》・餓鬼《がき》・畜生《ちくしょう》・修羅《しゅら》・人間《にんげん》・天人《てんにん》）に生きる者たちを救うものとされています。日本では、平安時代に伝わり、はじめは貴族たちのあいだでだけ信仰されていましたが、やがて地獄・極楽の思想と結びついて死者の苦しみを救う菩薩になりました。現在のように私たち庶民のものになったのは鎌倉時代以降のことで、阿弥陀《あみだ》信仰と並んでたいへんポピュラーな仏さまだといえるでしょう。

さてとげぬき地蔵の話にもどりますが、「刺抜《とげぬき》」という名まえの由来は、正徳《しょうとく》年間（一七一一〜一七一六年）、毛利《もうり》家の江戸屋敷の針女が誤って針を飲んで苦しんだとき、この印像で水を飲ませたところ、針が地蔵尊を貫いて体外に出て救われたことから始まったとされています。そして、それ以後、とげぬき地蔵尊の名は庶民のあいだでだれ知らぬ者もないほどに広まり、今日のように毎月四日を縁日とし、広く厄除け、招福の地蔵尊として尊崇されるようになったわけです。

このように、ご利益を授けてくれる仏さまたちは、私たちの身近な生活の中に住んでいて、その数は、数えあげたらきりがないほどだといってもいいすぎにはならないほどです。今お話しした豊川稲荷、雑司ヶ谷鬼子母神、柴又帝釈天、とげぬき地蔵などは、もっとも代表的な庶民の仏さまです。

またこのほかにも成田不動はあまりにも有名ですし、厄除大師、子安観音などの名まえは全国に知れわたっています。

ゆりかごから墓場まで・日光山《にっこうさん》

これまで、比較的私たちの身近かな神さまや仏さまのご利益をみてきましたが、ここですこし足をのばし、深山幽谷にあって宗教的霊験があるとされる霊場をのぞいてみましょう。

ご承知のように仏教は、密教《みっきょう》と顕教《けんぎょう》に分類されますが、密教には東密《とうみつ》（真言宗）と台密《たいみつ》（天台宗）の二つがあります。密とは、深遠な境地に達した者以外にはうかがい知れない秘密という意味で、ほかの宗派を顕教と呼んで区別しています。密教は祈禱仏教といわれるように、ご利益を看板とする寺院が多く、なかでも台密の日《にっ》光山輪王寺《こうさんりんのうじ》、東密の総本山金剛峯寺《そうほんざんこんごうぶじ》が有名です。さっそく、日光山に登ってみることにしましょう。

日光山は、徳川家康《とくがわいえやす》を東照大権現《とうしょうだいごんげん》と仰ぐ神仏融合の信仰の地として、熱心な信者だけでなく多くの観光客が連日押し寄せています。もともと日光という名は、観音の浄土である普陀落《ふだらく》の音《おん》を写したとされる二荒《ふたら》山からきており、昔から観音浄土の霊場として巡礼の対象となっています。

この地に最初にお寺を開いたのが勝道上人《しょうどうしょうにん》で、第五世のときに、慈覚《じかく》大師が日光山に登ってこられたのをきっかけに、全山の衆徒をあげて慈覚大師に帰依するようになったといわれています。以来、天台宗に所属するようになり、日光山輪王寺《にっこうさんりんのうじ》の常行堂《じょうぎょうどう》は、比叡山延暦寺にならって建立されています。

日光山のだいじな行事として、比叡山延暦寺の中興《ちゅうこう》の祖といわれる慈慧《じえい》大師と、日光中興の祖と仰がれ、家康の知恵袋としてよく知られる慈眼大師天海《じげんだいしてんかい》にちなんだ縁日があります。毎月三日の縁日には、日光市各町内から大提燈をあげ、市内各町はもちろん、近郊近在から月参講《つきまいりこう》をつくって両大師にお参りし、町内安全、家内安全、厄除け、開運などの祈禱が行なわれています。

この日光山のご利益を見ていくと、文字どおり〝ゆりかごから墓場まで〟めんどうをみてくれて、ここもさながら信仰のデパートの観を呈しています。

まず、安産のご利益があるのが香車堂《きょうしゃどう》の将棋駒です。ここにあげられている香車の駒を借りてきて神棚にお祀りしておくと安産できるというので、娘の安産を祈る老夫婦の姿がよく見掛けられます。また、波之利《はしり》大黒天も安産の仏としてよく知られています。この波之利大黒天は、足どめの信仰の対象として、盗難や家出人の足を封じてしまう霊験あらたかな仏として、全国的に有名です。

薬師堂にある有名な鳴竜《なきりゅう》は、進学向上にご利益があるといわれ、修学旅行の中学生や小学生が熱心に手をたたいています。ここには、このほか嵐除けの風神雷神、火伏《ひぶせ》の毘沙門天なども祀られています。

さらに、降魔《ごうま》、厄除けの護符として有名なお守りは、日光山にお参りした人はだれでも買っていくといわれています。これは、慈慧大師が鬼の姿を現わし、角をはやした形で描かれているところから、角《つの》大師などと呼ばれています。叡山中興の祖が、鬼の形をして悪魔を降伏させるというめずらしいお守りですが、ここからも慈慧大師がいかに強い態度で叡山興隆にあたったかがうかがわれます。

無事進学、就職がすんだ人たちには、縁結びの笹、子種石《こだね》が信仰の対象となり、最後には、極楽行きのパスポートとして有名な釘念仏《くぎ》まで用意されています。〝ゆりかごから墓場まで〟どころか、〝ゆりかごから極楽まで〟と、信仰のデパートの名に恥じない多彩さに驚かされます。これは、日光山の歴史が長いということもありますが、民間信仰を積極的に吸収し、それに仏教の立場から意味づけを与えてきた結果とみることができます。

天下の総菩提所《ばだいじょ》・高野山総本山金剛峯寺《こうやさんそうほんざんこんごうぶじ》

いっぽう、弘法《こうぼう》大師空海《くうかい》によって開かれた真言宗の総本山である高野山も、霊場として、全国にその名を知られています。高野山は、金堂、大塔、西塔が伽藍の三大中心となっており、東に延びる二キロの参道は、弘法大師の廟所《びょうしょ》の奥の院に通じています。参道の両側には、大小三十万基といわれるほどの墓石群が続いています。大名や武将の墓、富豪や実業家の墓などに混じって、名も知らぬ庶民の墓も無数に連なっています。墓所のほかに、納骨の寺としてもよく知られ、高野山はまさに天下の総菩提所と呼ばれるにふさわしい一大霊場といえましょう。

高野山は、一年を通じての行事も多く、年間百万人を超える参拝者が、海抜九八五メートルという霊地を訪れます。弘法大師の命日である旧暦三月二十一日は、「青葉山《あおばやま》」と呼ばれ、高野山をあげて供養が営まれます。また、七月一日に行なわれる准胝堂《じゅんていどう》陀羅尼会《だらにえ》は、梵語の密呪《みつじゅ》を読誦するという厳粛な儀式です。このほかさまざまな行事が毎日のように営まれ、高野山の行事を見れば、だいたい全国の寺院の行事がわかるといわれるほどです。

とくに、正月一日、二日、三日に行なわれる奥の院燈籠堂《とうろうどう》の修正会《しゅしょうえ》は、一年間の国家と国民の安穏を祈るという壮大な儀式です。商売繁盛・家内安全といった個人レベルのご利益だけでなく、国家と国民のご利益を祈るのも、弘法大師が皇室と深い関係にあったところから出ているのでしょう。このように、わが国の神社仏閣は、個人・家・生業・地域社会といったご利益から、国家・国民という広いレベルのご利益まで、いっさいを司っているのです。

参道に沿って清らかに流れる川は、玉川《たま》と呼ばれます。廟所近くの無明《むみょう》の橋《はし》の北側のせせらぎには、いつも新しい卒塔婆《そとうば》が、シキビの葉とともに供えられていて、絶えることがないといわれます。これは流水灌頂《るすいかんじょう》といわれる供養の仕方で、水死・溺死・産死という異常な死に方をした者は容易に成仏できないという民間の信仰があり、流れゆく水によって、死者に灌頂《かんじょう》(頭に水をそそぐ儀式)をさせて、その功徳によって成仏を願い、その菩提を弔おうとしたものです。

善光寺《ぜんこうじ》の縁起《えんぎ》

伏見稲荷から始まって高野山まで、全国の神社仏閣を足早に歩いてきました。ここで、長野・善光寺に着いたのを機会にしばらく足を休めて、善光寺の縁起に耳を傾けていただきましょう。というのは、どんな神社仏閣にもそれぞれ縁起と呼ばれる歴史があり、ご利益を知る手掛かりになるからです。

さて、昔インドの毘舎離《びしゃり》国に、月蓋《がっかい》長者という大金持ちがいました。月蓋は大金持ちにもかかわらず、乞食姿の仏陀が托鉢に来ても何も与えようとはしませんでした。ところが、長者の一人娘の如是《にょぜ》姫が重い病気になり、どんな手当てをしても治らず、長者は仏陀に姫の病気を治してくれるように頼みました。そして、仏の教えに従って、一心に阿弥陀仏の名を唱えると、美しい光とともに阿弥陀仏の姿が現われ、薬が与えられました。姫はその薬でたちまち全快し、長者は娘の病気の全快祝いに、一光三尊の阿弥陀如来像をつくり差しあげたのです。

この如来像は、五百年のあいだインドにありましたが、その後、百済《くだら》に渡り、百済の聖明王《せいめいおう》はその仏像を日本に送ってきました。日本に送られた阿弥陀如来像は、崇仏派と排仏派とに分かれた政情のなかで、けっきょく蘇我《そが》氏に与えられました。ちょうどそのとき、全国に悪い病気がはやり、物部氏はこれを、新しい外国の仏を信仰したことから日本の神が怒ったとして、寺を焼き捨て、仏像を難波《なんば》の堀江に投げ込んでしまいました。

たまたま、そこを通りかかったのが信濃の国、伊那《いな》郡麻績《おみ》の里の住人本多善光《ほんだよしみつ》です。難波の堀江にさしかかると、水の底から「善光、善光」と呼ぶ声に驚いて立ちどまると、いきなり仏像が善光の背中に飛び移ってきました。善光は仏像を背負って信濃に戻りました。その間、善光が疲れると、仏が善光を背負って歩いたといわれます。善光は、仏像をおろそうとしてもどうしてもおろすことができず、自分の家の臼の上に置いたところ、自然に体から離れたのです。そこで善光は、自分の家をお寺にすることにし、立派なお堂をつくりました。

これが、そもそも善光寺の始まりというわけですが、現在の本堂は宝永《ほうえい》四年（一六〇〇年）にできあがったものです。

正面は善光の間と呼ばれ、ここに本多善光、左にその妻弥生《やよい》の前《まえ》、右に子ども善佐《よしすけ》の像が安置されています。善光寺縁起からもわかるように、自分の家を寺にしたという起源から、善光寺は一般在家の形をとっており、そのことがかえって一般の人びとに親しみやすさを感じさせています。

天台宗の大勧進と浄土宗の大本願とが協力して善光寺を経営しているところから、宗派を超えて、全国各地から「牛にひかれて善光寺参り」をする人が絶えません。

その信仰史は、日本仏教の民間信仰史として欠かすことができないといえましょう。

石川五右衛門《いしかわごえもん》と善光寺のご印文《いんもん》

善光寺では、一年を通して毎朝、お朝時《あさじ》という行事が行なわれています。

これは、大勧進と大本願の住職がお寺に上り下りするときに、参詣人が道の両側に座って数珠をいただくという昔からの風習で、今でも、薄暗い夜明けの縁道に、老若男女がずらりと座っています。数珠で頭をなでてもらうと、善光寺如来の救いにあずかれるということで、救いを求める人びとの姿は、まことに壮観です。

このほか、善光寺の有名な行事として、一月七日から十五日まで行なわれるご印文をいただく儀式があります。

ご印文というのは善光寺の宝印で、ふだんは錦の布に包まれてウルシ塗りの輿《こし》の中にはいったまま倉庫に納められています。この行事の期間中だけ、如来堂の世話をする堂童子が出て、ご印文を入れた錦の袋を、参詣人の額に押しつけてくれるのです。これが「ご印文頂戴の儀式」で、これによって極楽往生ができるというわけなのです。

この「ご印文頂戴」について、おもしろい落語があります。

このごろ地獄に落ちてくる亡者がめっきり少なくなったことを、えんまさまが不思議に思って調べてみると、近ごろ娑婆で、善光寺のご印文というものがはやっていることがわかりました。善光寺ご印文を額に押してもらうと極楽に行けるということで、娑婆《しゃば》の人間がわれもわれもとご印文を受けるので、極楽へ行く者ばかりがふえて、地獄がさびれるばかりだったのです。そこで、えんまさまは天下の大盗賊の石川五右衛門に命じて、善光寺のご印文を盗み取らせることにしました。命を受けた五右衛門は首尾よく善光寺の本堂にしのび込み、ご印文を盗み取りました。ところが五右衛門はご印文を目の前にして、感激のあまりご印文を額に押しつけて、「ありがたや、かたじけなや」と大見得《みえ》を切ってしまったのです。そのとたん、さしもの五右衛門もスッと極楽に行ってしまったというわけです。

また、拝殿をはいったところには、賓頭盧尊者《びんずるそんじゃ》の像が祀られています。このお像をなでると、諸病平癒《ゆ》のご利益があるといわれ、一般の人びとには「おびんずるさま」と親しまれています。お朝時といい、ご印文頂戴といい、おびんずるさまといい、いかにも庶民のお寺・善光寺らしい名まえであり、ご利益の由来といえましょう。

第二章　仏教・開祖の〝ご利益《りやく》〟

日本人は、なぜ多宗教で無宗教な国民なのか

前章で、全国津々浦々にちりばめられたご利益の神々と、その神社仏閣をご紹介してきましたが、おそらく、その数の多さに今さらながら驚かれたことでしょう。

これまでお話ししてきた神社仏閣は、とくに代表的なものばかりで、このほかにまだ多くの有名な神社仏閣もあり、また、土地の人びとには親しまれていてもあまり一般の人びとの眼には触れない道祖神やお地蔵さんまでも数えあげていけば、ほとんど枚挙にいとまない数になるはずです。

いうまでもなく、こうしたご利益の神々は、単に歴史の遺物として、私たちの生活と無関係に存在しているわけではありません。二十世紀を生きる私たちの暮らしと何らかの形で結びついているからこそ、今も深く私たちとかかわりを持っているのだといえます。この章では、なぜ、どのようにして〝ご利益信仰〟が日本人の心

に定着したのかという問題を考えてみることにしましょう。そこからおそらく、現代人が何が故に、神や仏に深い関心を持つようになったかが浮かびあがってくるはずです。

まえにもお話ししたように、日本人は多宗教で無宗教の国民であるということがよくいわれます。確かに、日本人がはぐくみ育てた神への素朴な畏敬の念は、仏教、儒教、道教の影響を受けて体系化されて神道となり、民間に沈澱したものは土着の民間信仰となって今日に伝えられています。その後、キリスト教が加わるなど多数の宗教を吸収して、宗教人口が総人口よりも多いという現象を示しています。「人間さかりに神たたりなし」という諺《ことわざ》がありますが、なぜ日本人は、これほど多くの神仏を必要としたのでしょうか。

その理由の第一として、もともと日本人が宗教に対して理解があいまいで、きびしさを持ち合わせていなかった点を指摘することができます。いうなれば、日本人の宗教は、人間存在の内面から目をそらした外への宗教であったといえましょう。

新興宗教に入会をすすめる人は、「まあ、とにかく一度いらしてください。入会してご利益がいただければ、それこそもうけものではないですか、たとえご利益がいただけなくてももともとではないですか。元手はいらないし、信仰だけでいいんですよ。損をするわけではないのですから、まあ、だまされたと思って……」とささやくのを常套語としているといわれます。


戦時中の大政翼賛会の親玉が、戦後になると突如として、民主主義擁護者に一変した例に示されるように、宗教だけではなく、あいまいさ、変り身の早さは日本人の性格そのものを反映している、といってもよいでしょう。

「バスに乗り遅れるな」という言葉に示されるように、日本人の嗜好《しこう》の類似性、新しがり屋的性格をあげることができます。このことは、一面では日本人のバイタリティーをよく表現しており、仏教などのように、内への宗教をも日本的な土壌を媒介としてたくみに外への宗教に換骨奪胎《かんこつだったい》させてしまったのです。現在でも、舶来崇拝が日本人の心の片隅に残っているところを見ても、日本人は宗教でも文化でも産業でも、自分のものとして消化してしまう〝怪物〟なのです。

植物的文化が生んだ日本の神々

このような日本人の性格が培われてきた背景として、日本文化がつい最近まで、農本国の上に咲いた文化であることをここで指摘しておかなければなりません。この点で、自己主張の強い遊牧民族とは対照的な国民性が培われてきたといえます。家畜を伴って食物を求めて動き回る遊牧民族の文化を動物的文化と呼べば、日本のようにみずから動くことのできない農本国の上に咲いた文化は植物的文化と呼ぶことができるでしょう。

このような農耕生活を基盤とする生活では、農作物、とくに稲のでき、不できは死活問題です。ということは、みずからの力だけに頼って生活することができず、ほとんどすべての生活を天然自然の力にまかせるほかのない、きわめて他律的なあなたまかせの生活を強いられざるを得なかったのです。早い話が、稲の生育のでき、不できは、水と太陽という自然条件によって左右されます。そこから古代の日本人は、水の供給源にふさわしい場所として、生活圏にある小高い山に求めたのです。

山からひとすじの泉となってあふれでた水は、やがてちいさな小川となり、里にそそぎます。このように見てくれば、山を水分神《みくまりのかみ》とあがめた理由もわかるというものです。

また、水は農耕のリズムとともにありますから、春には山の神が里にくだって、田の神となり稲の生育を見守り、やがて収穫が終わると、田から山に帰ってふたたび山の神になるという交替神事《こうたいしんじ》が生まれてきたのもうなづけることです。山はまた、家をつくるのに必要な材木、炊事に必要なたき木を生みだす生活の場でもあったのです。いうなれば、山は祖霊のいますところであり、祖霊は正月には門松を依代《よりしろ》にして歳神《としがみ》となって里人を訪れたのです。

さらに、夜露にぬれる月の夜は、水と月との連想を生み、水の神として月の礼拝を生んだのも自然の成り行きであったといえるでしょう。太陽崇拝についても同様のことがいえます。天照大神《あまてらすおおみかみ》は太陽を人格化した神であると説かれているように、農本国であった日本を統合するシンボルの頂点に立つ天皇は、まさに農耕に恵みをもたらす太陽の位置にあり、日出ずるところの天子であったといえましょう。

このようにして、稲と自然との密接な関係が、日本に多くの神々を誕生させていったのです。

家や村は、神仏に擁護された要塞《ようさい》

このような植物的で静の生活であった農耕生活は、必然的に共同生活を求め、結《ゆい》の組織を生みだしていきます。その生活の単位となる基盤が家であったことはいうまでもありません。

一つ屋根のもとに、祖父母、子ども夫婦、孫と住む拡大家族、あるいは直系家族は、それを基盤として、本家、分家の関係で結ばれた家連合体をつくりだしていきます。これを一つに結びつけるシンボルとして、祖先崇拝が生まれてきたのです。そして家連合体がいくつか集まり、閉鎖的な村落共同体が形成されていきます。その共同体の成員を一つに統合する機能をになったのが、産土神《うぶすながみ》の祭りです。

今でも、日本の農山村を訪れた外国人は、まず日本人の宗教生活の多様性に驚くといわれます。村には鎮守（産土神）の森が静寂をたたえ、お寺のいらかがそびえ立ち、他村に通ずる境界に当たる道には、辻かためといって、竹にさした厄除けのお札や、大きなわらじを吊るしてあるのが見受けられます。

大きなわらじを吊るすのは、このような大きなわらじをはく巨人がこの村にいるぞ、というおどしであり、このおどしに驚いて魔もの、悪鬼が来ても逃げ去ってしまうであろうという発想から生みだされた生活の知恵でもあるといえましょう。また、塞《さい》の神の石の祠《ほこら》や、名の知れぬ石の地蔵、道六神《とうろく》、二十三夜塔、庚申《こうしん》碑などが、泥にまみれて路傍に祀《まつ》られています。

さらに、点在する家々には屋敷神が祀られ、戸口にはまた厄病神退散を祈って、神社仏閣のお札がはられ、節分のころには悪魔除けのまじないとして、ひいらぎの枝に鰯の頭が戸口に刺してある風景が展開されています。

また、ひとたび家の敷居をまたげば、奥の座敷には先祖の霊を祀る仏壇、家内安全・子孫繁栄を祈る神札の奉安所としての神棚が、あるいは大黒さまやえびすさまが鎮座し、いろり端には荒神さまやかまどの神さまが祀られています。家も村も、神仏で擁護された、まさに悪鬼・もののけをも寄せつけぬ要塞となっているのです。

「呪術」として受け容れられた仏教

このような日本人の性格、文化を考えれば、仏教がどのように受け容れられたかは容易に想像がつくでしょう。日本に仏教が伝えられたのは六世紀ごろといわれていますが、それを受け容れた日本人の態度が、宗教に対する信仰というよりも、むしろ、まじないや呪術に対する期待のほうが強かったことはうなずけます。

すでにお話ししたように、農耕生活を基盤にしていた当時、四季おりおりの自然の運行は人びとの生活を直接に規制していました。たとえば、ひでりが何十日も続けば作物は枯れ、また逆に、雨が降り続けば洪水が作物や家屋をも押し流してしまいます。そして、疫病が流行します。風が吹けば火事の危険にもさらされることになり、いずれにしても、死はつねに生活の間近に迫っていたのです。人びとにとって、四季の自然現象はそのまま死活問題につながっていたことになります。いっぽう、こうした民衆の農耕生活を支配し、それに支えられていた朝廷以下の豪族たちにとっても、農作物の豊凶いかんは、国家の存亡を規定するものだったといえます。

つまり、自然のありようは、下は民衆の個人レベルでの問題であると同時に、村落共同体レベルでの問題でもあり、また上は、国家レベルでの重大な関心事だったのです。すでに、国つくりの神としての天皇への素朴な神信仰と、土着の自然神崇拝とが定着していた日本に、さらに海を越えた外国の仏教思想を取り入れなければならなかった背景には、はじめから、こうした自然への呪術的な機能・効果を期待する精神的土壌があったということを意味しています。

『日本書紀』の中で、病気治癒の祈禱に始まって、「雨乞い」の祈禱のひとつに仏教が登場してくるのは、皇極天皇元年《こうぎょく》（六四二年）の条になります。雨乞いは国家行事でしたから、このころには仏教がかなり普及してきたことを示すものとして注目されます。このときには、はじめに牛馬を殺して漢神《かんじん》を祀ったが効果がなく、つぎに仏教が試されます。仏や菩薩の像を祀って、雨乞いに霊験あらたかとされる仏説大雲輪請雨経《ぶっせつだいうんりんしょううぎょう》を仏僧が読誦《どくじゅ》し、悔過《けか》（いままで積み重ねてきた罪過を懺悔《ざんげ》する儀式）を営みますが、小雨にとどまってしまいます。最後に試みられるのは、天皇が日本の神々に祈る伝統的祈禱で、大雨が降ることになります。

ここでは、仏教はさまざまな祈禱法のひとつとして、仏教のもつ呪術的効果が試されている段階であるとみることができます。その後、天武期から仏教が日本古来の神々と同列に扱われはじめ、しだいに優位に立っていく経過をたどります。三論《さんろん》宗を伝えた高句麗《こうくり》の僧の慧灌《えかん》は、雨乞いの験力《げんりょく》で僧正に任ぜられていきます。

このように、仏教が治病・雨乞いといった呪術的効果を期待され、取り入れられていった経緯からくる受容態度が、現在ある日本仏教への基本的態度となって、民衆の心の中に沈澱していったのです。

仏教を宗教として理解していた聖徳太子《しょうとくたいし》

もちろん、仏教は単なる呪術としてのみ受け容れられたわけではありません。病気治癒に始まり、雨乞い、豊作祈願から国家安泰にまで至る呪術的な仏教の受け容れ方を、物質的世界を対象にしているという意味で〈外なる〉信仰と呼べば、いっぽうでは、人間精神の内面的世界に深くわけ入ろうとする〈内なる〉信仰とも呼ぶべき宗教的態度があったことを見過ごすことはできません。そのリーダーとなったのが聖徳太子です。

聖徳太子は、『日本書紀』、『七代記』などに記されているように、みずから「勝鬘経《しょうまんぎょう》」、「法華経《ほけきょう》」を講じ、また、「維摩経《ゆいまきょう》」、「勝鬘経」、「法華経」の注釈書である

『三経義疏《さんぎょうぎしょ》』を著わし、さらに、僧寺三ヵ寺、尼寺五ヵ寺を建てたりして、人びとから「菩薩《ぼさつ》」とか「往生人《おうじょうにん》」とか呼ばれて仰がれた仏教の篤信者であったのです。

ただ、聖太徳子の建立《こんりゅう》とされている法隆寺金堂の釈迦三尊像の光背に、用明《ようめい》天皇の病気平癒を祈って、推古天皇や聖徳太子らがその仏像を造ったという由来が記されているように、当時は仏像を造ることが、多くは父母・師・天皇のために、「現《げん》世安穏《せあんのん》・速生浄土《そうしょうじょうど》・見仏聞法《けんぶつもんほう》」（この世を無事平穏に過ごし、死してはすみやかに浄土に生まれて、仏を見奉り、尊い真実の教えを聞きたい）という現世と来世の二つのご利益を願ったものであり、やはり、そこには、病を仏の力によって治してもらおうという呪術的な願いと、浄土への往生の願いとが表裏の形で並存していたのです。

政争の道具に使われた仏教

さて、仏教は、現世の攘災致福《じょうさいちふく》・死霊の鎮魂といった呪術的受容に始まったのですが、その要因が、氏姓社会の中央集権化とその確立の時代が背景としてあったという事実も、日本仏教を理解するうえで見過ごすことはできません。

つまり、仏教の持つ呪術的機能を、皇室の政治的地位確立のために、天皇はじめ支配層が利用しようとしたのです。

たとえば、仏教が日本にはいってきたときの支配者層の反応の仕方をみても、彼らのあいだにさまざまな思惑がからみ合って、簡単には決断が下されなかったことがわかります。この時期が、氏姓社会の昂《たか》まりと中央集権制度の確立期と重なっていたために、上層部での政権争いが盛んに行なわれていたからです。有名な物部守屋《もののべのもりや》と蘇我馬子《そがのうまこ》の争いも、表面は廃仏か崇仏かという宗教上の争いを装っていても、そこには激しい政権争いの闘いが隠されていたのです。

こうして、日本に伝えられた仏教は、呪術的要素、宗教的要素、政治的要素を背景に、やがて選択・合理化され、国家仏教と学問仏教とに分立していくことになります。そして、奈良時代にはいると、この分立状態は、よりはっきりとした形で制度化され、国家仏教は、大寺主義を旗印にして教団を形成・育成していくのです。

官僧になった者たちは、国家の保障のもとに学問に専心し、そこで追求した仏教を通しての学問的成果は、国家秩序の「現世安穏」のために吸いあげられていきます。ですから、国家仏教と学問仏教とは、対立したのではなく、逆に、ギブ・アンド・テイクの相補的関係として並存したことになります。

ご利益信仰の原点「護国三部経《ごこくさんぶきょう》」

仏教は、このように国家安泰のための道具になってしまった結果、病気治癒や雨乞い、さらに国家平安を祈るために一定の形式を持つようになります。祭壇を作って、そこに仏さまや菩薩の像を祀り、僧侶はそれを拝みながら、お経を読み、ひたすら仏に祈るというのが、そのいちばん典型的なパターンです。

そこで、実際に現世のご利益をもたらしてくれるものは何かといえば、「仏」さまとその教えである「法」、それに「僧」という、いわゆる仏法僧《ぶっぽうそう》の「三宝《さんぼう》」がたがいに作用し合った結果ということになります。

とくに、その中でも、仏さまとご利益を願う庶民のあいだで、それらの仲立ちをしてくれる僧侶は、自分が祈る効果をはっきりと見せるために、霊力を持つ必要が出てきます。ですから、お坊さんになって消病延寿《しょうびょうえんじゅ》の霊力を身につけるために、それらの人びとは、出家し、俗世間を離れて修行するわけです。

ところで、修行した僧侶が国家の現世利益を祈るために読んだお経には、「仁王経《にんのうぎょう》」、「金光明経《こんこうみょうきょう》」、「法華経《ほけきょう》」、「金剛般若経《こんごうはんにゃきょう》」、「大般若経《だいはんにゃきょう》」などがあります。それらの中でも、とくに代表的な経典とは、「仁王」、「金光明」、「法華」のいわゆる「護国三《ごこくさん》部経《ぶきょう》」と呼ばれるものです。

これら三つの経典は、僧侶だけでなく、聖徳太子がみずから講義したのを始めとして、斉明《さいめい》天皇、天武天皇、持統《じとう》天皇などの詔《みことのり》によって、全国で読まれ、その意味が講義されました。

それでは、この三部経は、いったいなぜ「安国除災致福《あんこくじょさいちふく》」をもたらす代表的な経典として、重要視されたのでしょうか。この疑問を掘り下げていけば、本来の仏教では、現世利益がどのような意味をもって考えられ、また、機能を果たしていたかということがわかるはずです。

一般に、経典は構造的に三つの段階に区別することができます。「序《じょ》」、「正《しょう》」、「流《る》」の三段階です。「序分《じょぶん》」は、お経の縁起《えんぎ》、つまり、そのお経が成立した事情や歴史について語り、これから説こうとする仏さまの教えに対して尊敬の念を起こさせる役割を果たす部分です。

「正宗分《しょうじゅうぶん》」は、「序分」を受けて、そのお経で説こうとする教えのいちばん重要な核心を語り、仏の教えを信じきってひたすら修行に打ち込むことの必要とその方法を教えることになります。そして、最後の「流通分《るづうぶん》」は、「正宗分」における教えを広めるために、仏の教えを信じさえすれば仏の功徳《くどく》・諸天の加護にあずかれることを語る部分です。

ですから、現世利益の考えは、三段階目の「流通分」にこめられているわけです。「護国三部経」を含めて、すべてのお経は、ほぼこの三つの部分から成り立っています。そこで問題になるのは、「正宗分」にある教えを強調するか、「流通分」で説く現世のご利益を強調するかの解釈の仕方によって、お経の読み方、仏教の理解の仕方が大きく左右されることです。

現世利益を問題にする場合に、もっとも肝要なのは、仏教の教えの中に潜んでいる本質的な両面性を考えることです。これはあらゆる宗教についていえることですが、宗教が誕生し、それを広く普及させようとするときには、どうしても民衆の関心を魅き寄せるための何ものかが必要になるといえます。

それは、その宗教を信仰することによって、現在の生活が、具体的にどのように快適な姿になるのかを謳《うた》うことです。そして、それがなければ、私たち民衆にはアピールしないという宿命を、すべての宗教がになわされていたのだということです。仏教における現世利益も、その意味では、「ご利益がなければ、仏教など信じない」という人間の根源的な信仰態度に応えるために、重要な役割をになってきたのだということができます。

商売の利益《りえき》は、仏のご利益《りやく》に通じる

私たちは、これまで日本人のご利益観が、どのように生みだされたのかを、古代にまでさかのぼってその歴史をみてきました。そして、日本人の心に棲みついたご利益観が、今日に至るまでにどのように移り変わってきたのかを、これから考えてみようと思いますが、そのまえに、ちょっと「ご利益」という言葉の意味を考えてみてください。

私たちは、ふだん何の気なしに「利益《りえき》」という言葉を使っています。とくに、最近では、企業はとてつもない利益を上げながら、消費者の苦しい生活をふり返ろうともしない、といった批判が、マスコミなどで取りざたされています。庶民のつつましい懐から奪っていった利益が、あたかも企業の実力だとでも言いたげな横暴さが目立っているようです。企業の経営者たちを昔風に商人と呼べば、ここには、商人道の心得違いがあるといえるでしょう。

というのは、商売上の利益という言葉も、もともとは仏教用語から出ているからです。読み方こそ違っていますが、この本で使っている「ご利益《りやく》」と同じ意味だということです。

「利益」という言葉は、一般用語ではリエキと読み、利得・もうけの意味に用いていますが、仏教では、みずからを益するのを「功徳《くどく》」といい、他を益するのを「利《り》益《やく》」といいます。いいかえますと、利益は人間が得るものではなく、仏から与えられるものだというわけです。

ですから、商人の利益は、単に自分たちの商売熱心とか儲け仕事の巧みさとかによって得られているのではありません。言うまでもなく、仏さまのような庶民のありがたいご利益によって儲かっている、ということになるでしょう。まさに、「お客さまは神さま」というわけです。

天台宗《てんだい》の開祖・最澄《さいちょう》

「護国三部経」で代表される仏教の現世利益は、その後、何人かの開祖たちによって、しだいに庶民のための仏教になっていきます。私たちが、今日、〝ご利益がありますように〟と何気なく日常的に使っている言葉も、それらの開祖たちが、庶民の苦しみを救おうと努力してくれた結果の産物なのです。

平安時代から鎌倉時代を経て、日本の仏教は、大きくその内容を変えていきます。ここでは、開祖たちの真実の祈りの姿を見ていきましょう。

呪術的な受け容れ方から、学問的な研究へと進んだ仏教は、平安時代にはいると、最澄、空海《くうかい》によって、それぞれ天台宗《てんだいしゅう》、真言宗《しんごんしゅう》が開かれ、国家仏教、鎮護《ちんご》仏教として新たな息吹きが注入されていきます。平安仏教は、奈良時代をしのいで、皇室、貴族のあいだで信仰がさかんになっていくのです。

天台宗の宗祖・伝教《でんぎょう》大師最澄は（七六七〜八二二年）近江《おおみ》の国（滋賀県）に生まれ、十四歳で出家しました。そして、当時の仏教の都である南都《なんと》に学び、東大寺で僧侶として教団の一員となる資格になっていた具足戒《ぐそくかい》を受けたのですが、忽然《こつぜん》として故郷に近い比叡山《ひえいざん》にこもってしまいます。おそらくは、比叡山にこもって間もなくのころと思われていますが、『願文《がんもん》』を書き記します。その『願文』は、強い自己反省と求道心《ぐどうしん》にもえた気魄《きはく》の込められた文章として有名なものです。

最澄は、なぜ当時の仏教のメッカであった南都から逃れて、比叡山にこもったのでしょうか。その動機はこの『願文』から推測するよりほかない、と言われています。

この当時は、僧侶粛清《しゅくせい》の詔勅《みことのり》がしきりに出されていた時期でもあり、現世利益を求める朝廷、貴族にこびた堕落僧が出ていたころだったのです。当時は、毎年限られた一定数の者（年分度者《ねんぶんどしゃ》）は、国費で僧侶として養成されていました。いわば、年金生活者ともいうべきものです。

この年分度者になると生活も安定してしまいますので、道を求めるのを目指すべき僧侶にふさわしくない、いわゆる堕落僧が出てきたのは時代の流れでもあったのです。若い青年僧の最澄にとっては、このような僧侶にあるまじきものに対して耐え切れないものがあったと思われます。

死の直前に、弟子光定《こうじょう》に与えた怒りの一句に、「道心《どうしん》の中に衣食《えじき》あり、衣食の中に道心なし」という文があります。この一文は、最澄の求道の精神の一端をよく伝えている文です。仏教を開いた釈尊が、生活のために仏法を利用することをきびしく戒めたのと同じように、青年僧最澄にとっては、衣食の中に道心を求めようとする一部の僧侶に激しいいきどおりを感じたものと思われます。
みずからの仏道の完成をみるまでは、山を降りまいと『願文』で誓った最澄は、その後、仏教各宗の経論《きょうろん》を読誦《どくじゅ》し、やがて根本中堂《こんぽんちゅうどう》を創建して比叡山延暦寺《えんりゃく》を建てています。

この寺は一乗止観院《いちじょうしかんいん》と号しました。寺の創建供養には桓武《かんむ》天皇以下、高僧が大勢参列したといわれ、最澄の名声はいよいよ高まってまいります。法華十講《じゅっこう》を修し、また、最澄が比叡山にはいってから十七年ののちのことではありますが、和気清麿《わけのきみまろ》の懇請によって、高雄山《たかおざん》で法華三大部を講義しています。

名声が高まるにつれ、さらに仏道をきわめるために、入唐《にっとう》を朝廷に申しでて許され、いわゆる通訳として義信《ぎしん》を伴って、延暦二十三年（八〇四年）、空海とともに入唐します。道邃《どうずい》・行満《ぎょうまん》から天台を受け、密教《みっきょう》、菩薩戒《ぼさつかい》、達磨禅《だつまぜん》を伝えたのです。

のちにこれは、円《えん》・密《みつ》・禅《ぜん》・戒《かい》の四宗融合の総合仏教としての天台宗の特徴となりました。のちに比叡山に学んだ法然《ほうねん》、親鸞《しんらん》、日蓮《にちれん》の各宗祖を生み出す、いわば鎌倉仏教の母胎となったのです。入唐して八ヵ月で帰朝した最澄は年分度者を賜わって、天台宗は独立します。

もちろん、新しく独立した天台宗に対して、南都仏教から激しい攻撃を受けました。最澄は南都諸宗の学僧と討論して『山家学生式《さんげがくしょうしき》』を著わし、大乗戒壇《だいじょうかいだん》の建立《こんりゅう》を上奏《じょうしょう》します。戒壇というのは、戒律を受ける儀式の行なわれる特定の壇をいいます。比叡山に戒壇を作らないかぎり、天台宗の僧侶といえども、南都で儀式を受けないと正規の僧になることができません。真の独立のためには、戒壇がぜひ必要であったのです。しかし、南都の僧侶たちによって反対され、最澄は再び『顕戒論《けんかいろん》』を著わして反駁したのですが、大乗戒壇建立の夢は、生前にはついに果たされることなく、その生涯を閉じています。

「修行僧の養成こそ、災禍を免《まぬが》れる道」

堕落僧に対してきびしい批判をして天台宗を開いた最澄は、現世利益に対してどういう見解を持っていたのでしょうか。その見方は『顕戒論』によく著わされています。最澄は人里を離れた山奥に建てられた比叡山延暦寺で、利他行《ぎょう》を行じて、悩める多くの人びとに救いの手をさしのべる大乗の菩薩を養成しようとする考えを持っていたわけです。

奈良の官僧たちは、大乗の菩薩にもなれば、かならずその住んでいる国土の災厄を除く力が備えられるはずなのに、現実には干《かん》ばつなどの災いがしきりに起こっているのはどういうわけかと、激しくつめよります。

最澄は、現実に原因があって起こっている災禍はすべて自分の責任であると認めたうえで、これからは比叡山で、年分度者が十二年間、籠山《ろうざん》修行にはげみ、念誦読経を行なって修行していくから、修行がなって験力《げんりょく》を身につけた菩薩僧が、世のため、人のために尽くすから、今後新たに原因があって起ころうとする災禍はすべて免れるであろうと、確信をもって答えています。

十二年ほど修行すれば、どのような者でも一験《いちげん》（修業によって得られる験力）ぐらいは得ることができるであろうし、こうした修業者が毎年続いて比叡山で養成されるようになっていけば、ひでりで難渋しているときに請雨を祈ろうとするときにも、持戒清浄《じかいしょうじょう》の僧侶をすぐに間に合わせることができるという意味のことを答えています。

『山家学生式』には、大乗戒に基づいて出家した者は、十二年間、顕教・密教の両方を修学させて、国師《こくし》・国用《こくよう》・国宝《こくほう》の菩薩僧に養成したうえで、これらの修行者を諸国の国師・講師に任用して、人びとを仏法をもって導き、悩める衆生に救いの手をさしのべるという見解を明らかにしています。

亮碩《りょうせき》という人が、『汲海鈔《ぎゅうかいしょう》』という書物の中で、「講経読誦《こうぎょうどくじゅ》は、ただ世の国家を守るのみにあらず、一期精修《いちごせいしゅ》の力をもって、四種《ししゅ》の仏土《ぶつど》を護浄《ごじょう》すべし」と述べているように、鎮護国家の菩薩僧を国内に配置せしめようと主張しています。その中には、ただ教典を読誦するテクニシャンとしてだけでなく、利他行として代受苦《だいじゅく》の思想をみずから実践する菩薩僧の出現をもって、災いに充ちた国土を仏国土に変えようとする最澄の真意を汲みとることができるでしょう。

真言宗の開祖・弘法《こうぼう》大師空海《くうかい》

空海（七七四〜八三二年）は、最澄に遅れること五年、讃岐《さぬき》国（香川県）に地方豪族の佐伯《さえき》氏の三男として生まれました。十五歳から十八歳までの青春時代に上京し、外戚にあたる阿刀大足《あとのおおたり》について儒学を学びましたが、立身出世をめざす儒学には飽きたらず、十八歳のとき仏教に転じています。

南都仏教を研究し、修行を重ねますが、官僧になる道をみずから閉ざしてしまいます。地方豪族の三男として出世する道は、官吏になるか、官僧になるか、二つの道しかなかったのですが、両方とも断念したのは、のちの著作『三教指帰《さんごうしいき》』によりますと、一人の修行僧から虚空蔵聞持法《こくぞうもんじほう》を授かったことにあるといわれています。

虚空蔵聞持法というのは、虚空蔵菩薩を祀って、真言一百万遍を唱えるもので、いっさいの仏法を暗記することができるといわれるものです。この修行僧に会ったことが、名誉や地位を捨てて、真言密教の修行にはいった出発点となったとされています。

延暦二十三年（八〇四年）に、三十一歳で最澄とともに入唐し、長安《ちょうあん》で青竜寺《せいりゅう》恵果《けいか》から密教を受けて、三年後に帰京しました。空海は、帰国して自分がもたらした新しい仏教、すなわち密教の教法をもって、これまでの鎮護国家の仏教と同じく、国家を守護する祈りを果たしたいという上奏文を朝廷に提出しています。

密教を広める許可を得てから、弘仁元年（八一〇年）十一月、京都の高雄山寺で鎮護国家の修法をつとめています。この年の九月には、薬子《くすこ》の乱が平定されていま す。この乱は、嵯峨天皇が即位したのち、藤原薬子が、寵愛《ちょうあい》を得ていた前帝の平城《へいぜい》上皇の復位を、兄仲成《なかなり》と謀《はか》った朝廷の内紛ですが、嵯峨天皇は空海に東寺《とう》で祈禱させたところ、結願《けちがん》の日に仲成は敗れて死に、薬子は自殺して鎮圧されたことから、嵯峨天皇は空海の法力を信じたといわれています。

同年、「仁王経」の修法を行なうことを願って許され、その後、たびたび雨乞《ご》い、五穀豊穣の祈禱を行なっています。弘仁七年（八一六年）には、真言密教の修行の根本道場を賜わりたいことを願って許され、高野山に金剛峯寺《こんごうぶ》を建立しています。

同十三年に最澄が亡くなってから、ひとり空海が傑出し、修法、著作など、多方面にわたる活動を行なっていきます。書道は三筆の一人に数えられ、また全国各地に弘法伝説が残り伝えられているほど話題に富むことをみても、その活動の一端を知ることができるでしょう。

空海の現世利益観――「薬も、信じて飲まねば効かない」

空海の著わした詩文、手紙類は『性霊集《しょうりょうしゅう》』にまとめられています。密教を伝えて帰朝した空海は朝廷に、密教の教法に基づいて今後は鎮護国家の修法を行ないたいと願いでた上奏文を出しています。それが「国家のおんために、修法せんと請う表」です。そこでは、唐の皇帝が密教の重要な作法である灌頂《かんじょう》の儀式を受けたことを例にあげています。灌頂の儀式というのは、大日如来《だいにちにょらい》の五つの智恵を象徴する水を、密教を信じ、これから仏弟子になる人の頭の頂にそそぐ作法です。

皇帝が灌頂の儀式を受けたのは、「近くは四海を安んじ、遠くは菩提を求む」ためであったといっています。「四海を安んずる」ということは、平和な世の中という意味です。そのためには、「仁王経《にんのうきょう》」、「守護国界主陀羅尼経《しゅごこっかいしゅだらにけい》」、「仏母明王経《ぶつもみょうおう》」などを読み、そらんじ念ずれば、七難はことごとく去り、気候は温順となって、四季はめぐりきたり、国を護り、家を護り、すべての人々が平和に暮らすことができるという意味のことを述べています。

「近くは」というのは、目さきの現実の生活をいかに順調に、快適にするかということであり、「遠く」というのは、現実の生活にとどまらずに、すべての人びとが悟りを開いてこの世の中を仏国土にする、すなわち密教では密厳《みつごん》浄土の建設がめざされていることがわかると思います。

最澄が『山家学生式』で、「真に有為な人材こそが国宝であり、それは一隅を照らすものである」と述べたのとまったく同じように、上奏文には、高野山を真言密教修行の根本道場とするもう一つの目的として、もろもろの修行者たちのために、修禅《しゅぜん》の一院《いちいん》を建立することを願ったことにも、仏国土の建設が願われていることがわかります。

また、空海の基本的立場は、遺戒《ゆいかい》に、「およそ出家修道は、もと仏果《ぶっか》を期す」とも述べられているように、真言教学のタテマエは、目さきの現世利益の祈禱そのものがすべての目的であったとはみていないことに注意しなければならないでしょう。

このことは、治病についての見解によく表わされています。空海は『秘密曼荼羅《ひみつまんだら》十住心論《じゅうじゅうしんろん》』の中で、世俗の医者が治せるのは身の病だけであって、心の病を治すには呪法と懺悔法とによらなければならないことを述べています。さらに治病の方法については、『秘蔵宝鑰《ひぞうほうやく》』で、如来が衆生の心病を治したもうのは、薬によって身病を治す方法と同じであることを述べています。

すなわち、「病人がもし医者を敬い、薬を信じて、ひたすら病気を治そうと思って薬を飲めば、病気はかならず治る。ところが病人が医者を罵《ののし》り、薬を信じないで飲まなければ、どうして病気を治すことができるだろうか」と述べ、治病の前提条件として、「信ずる」ことのたいせつなことをあげています。

平安仏教は鎮護仏教ですが、最澄が代受苦の思想から修行僧の養成につとめ、修行の功積もり、やがて大乗の菩薩となって現世の利益を計ったのとは対照的に、近くは現世の利益を、遠くは「悟り」の世界をという相違をみることができると思います。

しかし、いずれにもせよ、その後ますます祈禱法は複雑化し、多様化して、仏国土の建設は彼方に追いやられていく時代的な流れをたどっていったといえましょう。

法然《ほうねん》は、なぜ浄土宗を開いたか

鎌倉仏教の念仏、禅、題目《だいもく》の諸宗は、末法《まっぽう》の世に耐え得る、それぞれただ一つの正しい仏法であることを看板に掲げて新宗派を開きました。

末法というのは、仏教の教えがいかに行なわれるかについて、正《しょう》・像《ぞう》・末《まつ》の三期に分けて説明する歴史観です。窺基《きき》の『義林章《ぎりんじょう》』には、正法《しょうぼう》時代には教《きょう》（教説）・行《ぎょう》（実践）・証《しょう》（仏果《さとり》）のすべてが備わっている時代、つぎの像法《ぞうぼう》時代は証を得る者がなくなって教・行があって、正法がなお行なわれている時代、末法時代は教だけが残って、行も証もない時代で、末法時代が進むと、教もなくなった法滅期を迎えると説かれています。

平安末期には、釈尊が入滅したのを紀元前九四九年として、正法時代一〇〇〇年、像法時代一〇〇〇年とすると、永承《えいしょう》七年（一〇五二年）から末法時代にはいるという説が流行しました。

この年には、現在の真言宗豊山《ぶざん》派の総本山になっている豊山神楽院長谷寺《はせでら》が焼失し、武士の興隆、僧兵の横行と社会混乱期にあたっていたのです。法然が唐の善導《ぜんどう》に従って、末法にふさわしい教説は「浄土教」のみであるという説を受けて浄土宗を開き、その弟子親鸞は浄土真宗を開いています。

また、日蓮は「法華経」のみが末法に残る唯一の経典であるとみて、題目を唱えることによって救われる旨を説いて、日蓮宗を開いたことはよく知られています。

鎌倉仏教が興隆する背景には、末法思想の流行という時代的背景とともに、そこには当然、庶民仏教を掲げるからには、庶民の欲求に応ずるべきものを持っていたといえましょう。

浄土宗の宗祖・和順《わじゅん》大師法然（一一三三～一二一二年）は、美作国《みまさかのくに》（岡山県）に生まれ、同国の押領使添間時国《おうりょうしうるまときくに》の長子として生まれ、幼名を勢至丸《せいしゅ》といいました。九歳のとき、明石源内定明《あかしげんないさだあきら》の私怨を受け、夜討ちをかけられて父を失います。そして、死に臨んだ父の「復讐することなく、出家してわが菩提をとむらい、汝自身の解脱を求めて、生死《しょうじ》を離れるように心がけよ」という遺言によって出家します。

十五歳で比叡山に登って、皇円《こうえん》・叡空《えいくう》に師事し、『一切経《いっさいきょう》』を読誦すること五度に及び、知恵第一の法然房《ほうねんぼう》といわれました。しかし、満足することができず、善導《ぜんどう》の「観経疏《かんぎょうしょ》」によって、末法の世の中は弥陀《みだ》の名号に限るという信仰に達し、承安《しょうあん》五年（一一七五年）、比叡山黒谷を去って、京都の東山吉水《よしみず》に庵を結び、浄土宗を開きます。

朝廷、公家をはじめ、武士、庶民のあらゆる階層に帰依されて、称名念仏《しょうみょうねんぶつ》の声は巷にあふれていきます。しかし、旧仏教の反対が強く、承元元年（一二〇七年）、念仏停止《ちょうじ》となり、土佐に流されます。同年許されていますが、地方に念仏をすすめることを本意として、摂津（大阪府）勝尾寺《かつおじ》にとどまること四年、教化《きょうけ》を重ね、建暦元年（一二一一年）にようやく京都に戻りますが、翌二年正月二日、病み、『一枚起請文《いちまいきしょうもん》』を著わし、同月二十五日、東山大谷でその生涯を閉じています。

法然は『選択本願念仏集《せんちゃくほんがんねんぶつしゅう》』を著わし、仏教を浄土門と聖道門《しょうどうもん》とに分け、自力《じりき》の聖道門においては、すべての衆生を救えないことを痛感し、難行道《なんぎょうどう》に対する易行道《いぎょうどう》をとなえ、念仏をとなえることによって往生できることを説いたのです。

法然の現世利益観――「ご利益がないときは、自分の心を恥じよ」

法然の現世利益に対する考えは、法然と堂上方《どうじょうがた》の女房たちとの問答を集めた『百四十五カ条問答《ひゃくよんじゅうごかじょうもんどう》』に著わされています。

問「現世を祈りましたのに、効験《しるし》の表われない人はどうしたものでしょうか」

答「現世を祈っても効験がないということは、仏の虚言ではありません。私が説くようにしないから効験がないのです。私のいうようにすれば、みな効験は表われます。観音を念ずるばあいにも、一心に祈りさえすれば効験はあるのです。もし一心に祈らないとすれば、効験はありません。

前から仏との縁の深い人は、受けるように定められた苦しみも転ずることができますが、前も今も仏との縁の浅い人は、すこしばかりの苦しみにも効験がないなどというのです。

仏を恨んではなりません。ひたすらに現世および来世のために仏に仕えようとするばあいには、一心に誠をこめてはげめば、現世においては思うことが叶い、来世は浄土に生まれることになるのです。効験がなければ、自分の心を恥ずべきです」

この文に見られるように、法然は、心からの誠をこめた祈りは信仰への要石であることと、現世利益は求めずして、おのずと得られることを強調しています。

「鎌兼二位《かまくらにい》の禅尼《ぜんに》に進ぜられし書」である『浄土宗略抄《じょうどしゅうりゃくしょう》』に、「阿弥陀仏の本願を深く信じて念仏して往生を願う人には、弥陀仏はもちろんのこと、十方の諸仏菩薩、観音勢至《せいし》、無数の菩薩がこの人の回りをとり囲み、歩いているときも、坐っているときも、寝ているときも、夜、昼を問わず、陰のようにより添って、いろいろな悩み苦しみをなす悪鬼悪心のたよりを払い除きたまい、現世にはひどいわざわいもなく安穏で命終わるときには、極楽世界に迎えてくださるのです。

だからこそ、念仏を信じて往生を願う人は、ことさらに悪魔を払おうとして、よろずの仏、神に祈りをしたり、慎みをすることも必要はないのです」と述べ、現世利益を目的とし、手段として祈るといった、そのような祈りは必要ないと明言しています。民間の習俗となっている忌みごもりに対しても、「仏教には忌みということそうらわず」と述べ、念仏以外を雑行《ぞうぎょう》とする立場を貫いています。さらに、「祈りによって、病も治り寿命も延びるならば、だれ一人として病み死ぬ人はないことになる」と語調を強めて、そのような祈りは否定する立場をとっています。

このように、求めずしておのずと得られる現世の利益には、重く受くべき宿命となっている病も、軽くすませることができる「転重軽受《てんじゆうきょうじゅ》」をあげ、また『選択集《せんちゃくしゅう》』の第十五章段には、わざわざ「念仏現世利益編」を設けて、滅罪護念《めつざいごねん》、見仏《けんぶつ》、延年《えんねん》転寿《てんじゅ》など、念仏者の受ける現世利益を、『浄土三部経《じょうどさんぶきょう》』、『観念法門《かんねんほうもん》』などの諸経論を引用して述べているのは、このような立場からです。

法然が始覚法門《しかくほうもん》に立って、決定往生《けつじょう》・未来往生・彼岸往生を説くのに対して、親鸞は本覚法門《ほんがくほうもん》に立って、即得往生《そくとく》、此岸《しがん》往生を説く点で、同じ念仏門でも違った立場に立ちますが、現世利益観には共通のものを見いだすことができるのです。

親鸞《しんらん》の「悪人正機説《あくにんしょうきせつ》」

浄土真宗開祖の見真大師《けんしんだいし》親鸞（一一七三〜一二六二年）は、父は日野有範《ひのありのり》といい、京都醍醐《だいご》日野の里で生まれ、幼名を松若麿《まつわかまろ》といい、四歳で父を、八歳で母を失って無常を感じ、京都東山の青蓮院《しょうれんいん》で出家しています。

早くも九歳のとき比叡山に登って堂僧となり、天台を学んだが、正治《しょうじ》二年（一二〇〇年）、六角堂に詣でて、救世菩薩・聖徳太子の夢のお告げを受けて、法然を訪ね、念仏門にはいり、範宴《はんねん》を改めて、ついで綽空《しゃくくう》と名乗っています。

承元《しょうげん》元年（一二〇七年）の念仏停止によって、師法然が土佐に流されるとともに、越後に流され、名を善信房《ぜんしんぼう》親鸞と改めています。建暦《さんりゃく》元年（一二一一年）、許されますが、師の訃《ふ》報を聞いて思いとどまり、信濃（長野県）、下野（栃木県）、常陸（茨城県）に移って教化につとめ、念仏をすすめて歩きます。

念仏の教えに帰依する者が多く、常陸の稲田の草庵で『教行信証《きょうぎょうしんしょう》』六巻を著わして、真宗を開宗しています。越後に流罪の際、恵信尼《えしんに》と結婚し、非僧非俗（僧にあらず、俗にあらず）、みずからを愚禿《ぐとく》親鸞と名乗り、悪人こそが念仏の救いにあずかれるという「悪人正機説」をとなえ、民衆の教化につとめ、晩年はもっぱら著述に専念し、九十歳の生涯を閉じています。

親鸞は、『教行信証』、『現世利益和讃《げんぜりやくわさん》』において、日常生活全般にわたるといってよいほどの念仏の功徳を語り、またいっぽう、『浄土高僧和讃《じょうどこうそうわさん》』や『正像末浄土和讃《しょうぞうまつじょうどわさん》』では、現世を祈る行者、日の吉凶を選んだり、卜占祭祀などは、雑行として否定する立場をとっています。

表面的に眺めますと、矛盾するように思えますが、たとえば『三帖和讃《さんじょうわさん》（高僧和讃）』に、「信心すなはち一心なり、一心すなはち金剛心、金剛心は菩提心、この心すなはち他力なり」と歌っております。

『無量寿経《むりようじゆきよう》』でいう「信心」は、浄土教の祖師天親のいう「一心」、善導がいう「金剛心」にあたり、他力回向の真宗の信心であるというのです。『無量寿経』に、「至心に回向して、彼《か》の国に生まれんと願えば、すなはち往生を得、不退転に住せん」という一文があります。

法然はこの経典どおりに読んでいますが、親鸞は「至心に回向して」を「至心に回向せしめたまえり」と読みかえています。つまり、人間の側から仏に回向することを認めずに、回向は仏の側にあると親鸞は見るわけです。

この点で、真宗では不回向《ふえこう》の思想と呼んでいます。回向が仏の側からなのか、衆生の側からなのか、あるいはその相互作用によるものであるかどうかは別としても、「一心に」という信心が前提となっていることを考えれば、親鸞の現世利益観は矛盾することなく、求めずともみずから得られるという、まえにみた法然の立場と異なるものではないことになります。

親鸞の現世利益観――「稲を望めば、藁《わら》は自然にとれる」

親鸞の現世利益に対する基本的立場は、その弟子である存覚《ぞんがく》の『持名鈔末《じみょうしょうまつ》』にはっきりと示されているといえましょう。

「浄土に往生しようと願う人は、念仏をもって現世の祈りと思ってはなりません。ただひとすじに生き死にの世界を離れるために念仏を行じれば、思わなくとも自然に現世の祈禱になってくるものです。『藁幹喩経《こうかんゆきょう》』の中に、信心をもって悟りを求めれば、現世の願いも成就するものであることを、喩《たとえ》をもって説いています。すなわち、人が種をまいて稲を得ようとするときに、藁はいらないといっても、稲が実れば自然に藁も手にはいるのと同じことだといっています。稲を求める者にはかならず藁がついてくるように、後世を願えば現世の望みも叶うのです。藁を手に入れようとする人には稲が得られないように、現世の果報を祈る者は、かならずしも後世によい結果が得られるとは限らないのです」

真宗のその後の展開について見てみても、基本的立場は、現世利益は結果として得られるのであって、目的としてではないことはかわりません。しかし、実際には、念仏をとなえる人びとの姿勢によって変わってしまうことは当然予想されることでしょう。

たとえば、本願寺第八世の蓮如上人《れんにょしょうにん》は、『蓮如上人九十カ条の掟書《おきてがき》』の中で、現世利益の祈禱について、つぎのように述べてます。

「御門徒の中には、病気を患うと祈禱し、神子（死霊を媒介する巫女《みこ》のこと）や陰陽師《おんみょうし》に頼んで病人を祈り、あるいは現世の寿福を神に祈る輩《やから》は、上人の御門徒ではない。すぐに門徒であることをやめるべきこと」

この掟書の一条を裏返して見てみると、当時の念仏者のあいだでもかなりの者が、病気のときや、あるいは幸せを願うときに加持祈禱をしていたことがはっきりと示されているといっていいでしょう。ですから、このような人びとに対して、戒めのために書かれたものと見ることができるわけです。

また、『蓮如上人遺文《れんにょしょうにんいぶん》』の中には、「信心定まって極楽往生を願う者は、後生に助かることはいうにおよばないけれども、現世のことを望まなくとも自然に祈禱はともなってくる。信心が定まった者は、現世のことをとくに願わなくとも、諸仏・菩薩・諸天・善神の加護にもあずかる」と述べ、目的としての現世利益の祈禱を否定する点では、親鸞の姿勢をそのまま継いでいるといえます。

さらに、教団発展の円滑化のために、『蓮如上人遺文』の中で、ことに政治規範と生活倫理を守るべきことが説かれ、現世利益を求めることを直接目的として、念仏を唱えることを戒めながら、同時に王法、仁義を遵守《じゅんしゅ》し、諸神・諸仏をあなどることを固く戒めている点は注目していいでしょう。

ところで、中期以降、幕藩権力との関係で、王法護念の現世利益を説くことによって、妥協を余儀なくされていくのは、浄土宗の場合と同様です。浄土真宗の統一的な考え方を二分してさまざまな論議が輩出しましたが、西本願寺ではすでに延宝《えんぽう》八年（一六六〇年）六月以来、徳川歴代将軍の位碑を安置し、王法祈願を行なっています。

東本願寺でも歴代将軍位碑や天皇の天碑を安置し、明治維新においては維新側に与し、本願寺を天皇の行在所《あんざいしょ》とするなど、積極的に朝廷との接近がはかられ、明治期には北海道に全面的な開教を展開しているのも、歴史的推移と見ることができるでしょう。

このように、現世のご利益が目的化されることによって、仏教は政治と結びついて堕落の一途をたどっていくことになったのです。

道元《どうげん》の現世利益観――「仏法のため以外に仏法を修めるべからず」

曹洞宗の宗祖道元（一二〇〇〜一二五三年）は、父は内大臣久我通親《くがみちちか》、母は摂政《せっしょう》関白藤原基房《かんぱくふじわらのもとふさ》の女《むすめ》で、名門貴族の子として京都に生まれました。しかし、早く両親と死別して無常を感じ、天台座主公円《こうえん》について出家しています。比叡山で学んだのですが、天台の教学にあきたらず、建仁寺《けんにんじ》に臨済宗《りんざいしゅう》の開祖栄西《えいさい》を訪ねて参禅しました。その翌年、栄西の没後は、その弟子明全《みょうぜん》とともに禅を学び、入宋《にっそう》して天童山《てんどうざん》そのほかを遍歴し、曹洞禅を伝えて帰朝しました。帰朝後、安貞《あんてい》元年（一二二七年）、建仁寺に住んで『普勧坐禅儀《ふかんざぜんぎ》』を著わしています。これが曹洞宗の開宗となります。

元福《げんぷく》元年（一二三三年）、宇治に興聖寺《こうしょう》を開いて、寺にとどまること十余年、越後の永平寺《えいへい》に移り、極力、権勢に近づくことを避け、名利にとらわれることを排して、一生をもっぱら優れた弟子の養成と正法の興隆に捧げ、その生涯を終えています。

ところで、道元にとって、ただひたすら坐禅をする、すなわち只管打坐行に徹する姿勢には、現世利益のはいりこむ余地はなかったといってもよいでしょう。

『正法眼蔵随聞記《しょうぼうげんぞうずいもんき》』第五の中で道元は、「仏道を修行して、そのみかえりに利益を得んものとして仏法を学んではならない。ただ仏法のために仏法を修行すべきである。たとえ千経万論を学び終わり、床が破れるほどに坐禅しても、この心がなかったならば仏祖の道を得ることはできない」と述べて、仏法のために仏法を修するという、明解、直截な立場を明らかにしています。

さらに、『学道用心集《がくどうようじんしゅう》』などにおいても、自身のため、名利のため、また果報を得るがため、霊験を得んがための仏法をはっきりと否定している立場をうかがうことができます。

つまり、道元は、現在いうところの葬式も祈禱も全然せずに、徹底して参禅修行のみを行なっていたということです。

白隠禅師《はくいんぜんじ》の現世利益観――「ご利益は真実の法門への方便だ」

正宗国師白隠慧鶴《しょうしゅうこくしはくいんえかく》（一六八五～一七六一年）は、臨済宗中興《りんざいしゅうちゅうこう》の祖と仰がれ、妙心《みょうしん》寺第一座となったほどの高僧ですが、名利を離れて諸国に遊歴し、農民に慕われながら、終生田舎の貧乏寺に暮らした清貧の僧です。

　著書には『語録《ごろく》』百三巻、『槐安国語《かいあんこくご》』七巻、『僧行録《そうこうろく》』一巻、『遠羅天釜《おらてがま》』、『夜船閑話《やせんかんな》』などが白隠禅師全集に収められていますが、孤独な隠棲の禅者ではなく、多くの在俗の人びとに易しく法を説いた点で有名です。

　『寝惚之眼覚《ねぼけのめざまし》』の中で、禅師は、「浮世の境に迷わぬ様に、己《おの》が生れた心の鏡、磨き照すが肝要じゃ。此頃、世上の流行にて、何も知らぬ大俗は、神や仏を売代《うりしろ》なし、加持や呪い祈禱を致し、中に等しき輩は、護摩を焼いたりするも有り、兎角《とかく》新たに迷いが起る。其処で浮世の憂人等《うきひとたち》は、何処の薬師は眼に能利益《よくきく》の、何所《どこ》の地蔵は病気に功能《よい》の、何所《どこ》の観音頭痛に功能《よい》の、爰《ここ》の不動は何でも利益《きく》の、浮気信心、花見を兼て、心乱して願懸《がんかけ》するは、欲に限りの無き浮世、有《ある》が上にも亦貪欲《ほし》や」と書いています。

ここからもわかるように、禅師は、人間の限りない欲望に基づく現世利益を否定するのではなく、また、それにすがろうとする庶民を否定することもありませんでした。むしろ、その欲望の中に信心を磨きだすことに禅の第一義を生かそうとしたのです。

また、白隠禅師は貧しい農民たちばかりでなく、ときには、金と権力を持つ大名などに厚いもてなしを受けることもありました。そうしたとき、彼は、その大名のもてなしに応えて、そのお礼のためと、大名を戒めるための法話を書き送ることがしばしばあったようです。それが『延命十句観音経験記《えんめいじっくかんのんぎょうげんき》』ですが、それはきわめて親切に、しかも幼い子どもに手をとって教えるように、懇々と戒めたものとして有名です。

白隠禅師にとって、庶民のご利益信仰は、真実の仏門にはいる方便として、巧みに取り上げられたものといえるでしょう。

日蓮《にちれん》——あいつぐ天変地異を憂えて立正安国《りっしょうあんこく》を説く

日蓮宗の宗祖日蓮（一二二二～一二八二年）は、安房《あわ》の国（千葉県）小湊《こみなと》の漁家に生まれ、十二歳のとき、天台宗の道場であった清澄寺《せいちょうじ》にはいり、十六歳にして道善について得度し、蓮長《れんちょう》と名乗ったといわれます。

このときに、「日本第一の智者となしたまえ」と虚空蔵《こくうぞう》に願をたてて、翌年、清澄寺を出て、当時の学問の中心地であった比叡山に登ります。それから、学習すること十年に及び、その間、園城寺《おんじょうじ》、南都《なんと》、高野山、四天王寺《してんのうじ》、三井寺《みいでら》に歴遊して、諸宗を勉学しています。

天台法華宗が真の教法であることを確認したものの、当時の比叡山は、慈覚《じかく》・智《ち》証《しょう》らによって真言《しんごん》化され、伝教大師の真意を継承する天台宗ではなかったことを憂えて、日蓮は叡山を下り、故郷の清澄に帰りました。

ここで、末法の世を正しく生きぬき、それに処する方法は、妙法蓮経華《みょうほうれんげきょう》の五字をとなえるところにあることを宣言して、開教の一歩を踏みだしたのですが、そのためにかえって領主の怒りを買い、追われて鎌倉に逃れます。

その後、鎌倉では松葉谷《まつばがやつ》に草庵を結んで、鎌倉幕府の地を宣教の地として選びます。当時の鎌倉の仏教界は、浄土宗、禅宗が栄えていたため、日蓮は激しく他宗を非難し、鎌倉の街頭でひたすら法を説くこと数年、辻説法《つじせっぽう》を展開したと伝えられます。

この間は、折りしも天変地異があいついで起こった時期でもありました。正嘉《しょうか》元年（一二五七年）八月には大地震、二年には大雨、大風があり、翌正元《しょうげん》元年には大飢饉があり、それに伴って疫病が流行し、翌二年までも疫病はやまず、おびただしい死者を出した時期です。

当然、諸宗寺院では除災の祈禱がなされたのですが、それにもかかわらず、災厄は激しさを加えるばかりで、この世相の惨状を見、人心の不安に直面して、日蓮は深く思うところがあったようです。正嘉二年と翌正元元年に、岩本山実相寺《いわもとさんじつそうじ》の経蔵の奥深くはいって「一切経《いっさいきょう》」を閲読し、この結論をもって、『立正安国論《りっしょうあんこくろん》』を書いて、幕府の北条時頼《ほうじょうときより》に献じたということです。

『立正安国論』では、「世はすべて法華の正法にそむき、人ことごとく邪法を信じているために、善神国を捨てて相去り、上人、所を辞して還らず。これをもって、魔来たり、鬼来たり、災起こり、難起こる」と書いて、直ちに邪法を捨てて、法華の正法に帰依すれば、世の中に仏国土が実現されるであろうということを述べています。

日蓮の現世利益観――「今生《こんじょう》の小苦《しょうく》より、後生《ごしょう》の大楽《たいらく》」

現世利益の祈禱に対して日蓮は、『祈禱抄《きとうしょう》』『神国王御書《しんこくおうごしょ》』『撰時抄《せんじしょう》』『三三蔵祈雨事《さんさんぞうきうじ》』『本尊問答抄《ほんぞんもんどうしょう》』などの著書において、真言密教の祈禱には効験のないことを、具体例をもって述べています。

すなわち、「源平の合戦の際、安徳《あんとく》天皇の御身を安じて、明雲《みょううん》座主のもと、比叡山の三千人の大衆によって、五壇の秘法が行なわれ、また大臣以下の家々においては、尊勝陀羅尼《そんしょうだらに》、不動明王を供養したにもかかわらず、安徳天皇は海中に没してしまったではないか」

また、「承久の変には、天台座主慈円《じえん》をはじめ、仁和寺、三井寺などの高僧によって、十五壇の秘法が修せられたにもかかわらず、修法を行なわなかった鎌倉幕府によって、仲恭《ちゅうきょう》天皇は廃され、後鳥羽《ごとば》上皇は壱岐《いき》に、土御門《つちみかど》上皇は阿波《あわ》に、順徳《じゅんとく》上皇は佐渡《さど》に配流される結果となってしまったではないか」と祈禱の効験のないことを述べています。

このように、日蓮は法華経を広く流布させるために、ひたすら実践活動にその生命を燃焼させたといえるでしょう。

彼は、「四箇格言《しかかくげん》」として世に知られている「念仏無間《ねんぶつむげん》・禅天魔《ぜんてんま》・真言亡国《しんごんぼうこく》・律国賊《りっこくぞく》」という激しい語調で、つねに他宗派を論難したために、世間から激しく迫害を受けたにもかかわらず、そうした受難を法華行者の証《あかし》だとして、いかなる権威、権力や世間の迫害にも辞さなかったといわれます。現実に仏国土の建設を目指して、さらに戦闘的な教化活動を展開したのです。そこに、法華経の真理を身をもって実践した日蓮の純粋さを見ることができるでしょう。

しかし、『法華経』には、久遠実成《くおんじつじょう》の仏（永遠の生命をもって実在する仏）にまみえるためには、柔和にして素直な心が必要であることが説かれていたことを思いだしてください。日蓮は、「上野殿御返事」の中では、信心するには、水のような冷静さを保つべきであることをも教えています。ところが、懸命に法華経の流布のために身命を賭しながらも、現世利益にあずからぬばかりか、逆に法難にあっているのです。たとえば、『開目抄《かいもくしょう》』では、「いままで日蓮をとぶらい給わぬは、日蓮、法華経の行者にあらざるか、されば重ねて経文を勘《かんがえ》て、わが身にあてて身の失を知るべし」とみずからを嘆き、懺悔しています。

ただし、同じ『開目抄』の中で、「日蓮が流罪、今生《こんじょう》の小苦《しょうく》なればなげかしからず。後生《ごしょう》には大楽《たいらく》を受くべければ、大いに楽し」とも語っていますように、日蓮の法華経絶対信仰は、法華経の説く世界への没入だったのです。それが生活を律する規範ともなって、そのまま、法華経の功徳をいただく現世利益の姿へと通じていたということです。

ご利益は〝民を釣るエサに〟終わってはならない

「法華経薬草喩品《やくそうゆほん》」には、山草二木《さんそうにもく》のたとえ話が書かれています。

如来の法を聞いて、経典を読誦し、その教えるとおりに修行したのに、どんな功徳を得たかわからないのはなぜかという問いに、比喩をもって答えたものです。「薬草には、大中小の草があり、また大小の木があって、その大きさは同じでないにしても、雨は山川、渓谷、土地に生えた大小、長短さまざまな草木に降り注ぐ。そして、それぞれの草は、雨の潤すところによって生長し、果実を実らせる」というたとえです。

この比喩の中で、雨は仏の平等大慧《だいえ》を意味し、大小、長短さまざまな草木は、衆生を表わしています。

すなわち、仏の慈悲と救済とは、すべての人びとにとって平等ではあるが、人びとには素質、能力の差があるので、その受ける利益は異なってくるというのです。しかし、仏の慈悲と救済が平等であることによって、仏の教化を受けると、いつかは等しく悟りにはいり、世を救うものになることを表わしているわけです。

ここに一貫して流れているモチーフは、仏教の最終的な目標が成仏《じょうぶつ》にあって、すべての日常生活はそのための仏道への修行だということです。ですから、ご利益は、一心に祈り行じていくところに付随的に得られることになります。

法然は、「祈らば念仏の功積《こうつも》り、死なば浄土へ参りなん。とてもかくてもこの身には、思い煩《わずら》うことぞなきと思いぬれば、死生ともに煩いなし」という言葉を残していますが、ここに、仏教でいう現世利益の基本的立場があるといえるでしょう。山草二木のたとえでいえば、それぞれの素質、能力の差によって、受ける利益は違っていても、現世安穏《げんせあんのん》・後生善処《ごしょうぜんしょ》は一つのもので、切り離すことはできないということです。


これまでお話ししてきたところで、すでにおわかりでしょうが、一つの宗派を開いた開祖・祖師たちの考え方や立場は違っていても、現世利益が仏道修行の中に求められていった点では、すべて共通していました。

仏道を行ずることは、ただ単に自己の修行だけでなく、他に及ぼしていく利他行の実践の中にも、現世利益は位置づけられてこなくてはならないといえます。それは、その思想的根拠が、代受苦《だいじゅく》の思想そのものだからです。

　ところが、仏教が民衆の中に深くはいり込んでいく過程においては、このような基本的な立場は、それを受け容れる民衆の文化的、社会的あり方によって変質していったことは否定できません。まさに、そこに日本仏教の堕落があったわけです。鎌倉仏教と呼ばれる法然・親鸞・道元・日蓮などの時代の仏教は、庶民を救うためという偉大なスローガンを持っていました。しかし、いったん彼らの偉業によって、それぞれの宗教教団ができてしまうと、開祖たち以降の後継者は、教団を維持していくために、ときとして現世利益を〃庶民を釣るエサ〃のように利用していきました。

　ここから先は、堕落の一途だったといっても言い過ぎにはならないでしょう。そうなれば、だれでも想像はつくと思いますが、外側の形を守るだけで精いっぱいになります。仏教は、中身にあった生き生きとした祈りの心をしだいに失っていったのです。

正確に見てみると、仏教の教団は、タテ軸として庶民のご利益信仰を汲みあげていた民間信仰や習俗の吸収力を、さらに組み入れていきました。そして、ヨコの軸としては、つねに他宗派のうま味のある部分を横すべりさせて吸収しようとしたのです。

そして、教団は民間信仰、習俗を包摂して上着化していく方向と、もういっぽうで、インスタントな現世利益を否定し、宗祖の次元に戻るべきとする純粋信仰の同《どう》心《しん》共同体に戻ろうとする方向とのあいだを、交互に時計の振子のように揺れ動きながら、活力を失ってはまた不死鳥のごとくよみがえって、今日に至っているのだということができるでしょう。

第三章　ほんとうのご利益《りやく》とは何か

(一) 祈りはまじないではない

「仏滅」や「友引」を信用するのか

日本仏教の特色ともいうべき「ご利益信仰」についていろいろな角度からお話ししますが、果たしてご利益を求める信仰が真の宗教といえるのでしょうか。日本人は本当に無宗教なのか、神仏の前にひざまづいて祈るとき、私たちの心の中に何が生まれるのか。

たとえば、今では途絶えつつありますが東北地方には、神がかり的な予言によって、身内の死者の霊を呼び出す「イタコ」と呼ばれる巫女《みこ》が活躍していました。その「口寄せ」が信じられ、自分の願いが聞き入れてもらえるか、自分の苦しみや悲しみに解決が与えられるかといったことを判断してもらうために、人びとが出かけました。

〝呪術だ、迷信だ〟といってばかにしている若い人たちもけっこう頼りにしているところを見ると、これは、今日の占いブームや予言ブームと軌を一にしていると理解することもできるでしょう。

また、最近の若い人たちも、縁起をかついで仏滅《ぶつめつ》とか友引《ともびき》とかといった「六輝《ろっき》」に関心を持っているそうです。

こんな話があります。迷信だといって、わざと仏滅の日を選んで結婚した若い二人が、新婚当初しばらくは、「あばたもえくぼ」とひじようにしあわせな暮らしを送っていました。ところが、しだいに熱もさめ、冷静になってくると、いろいろな欠点がお互いに見えてきたのです。結局、あるつまらない原因で別れてしまったのですが、そのきっかけを聞いて驚かされました。

そんなにしょっちゅう夫婦げんかをしているのは、仏滅に結婚したからだと、二人の回りにいたおせっかい焼きが、二人にそっともらしたことが別れ話のきっかけになったというのです。

ともあれ、巫女にしろ、占いにしろ、縁起をかつぐにしろ、日本人はだれもこれが宗教だとは思っていません。では、合格を願い、恋愛の成就を祈って神社仏閣にお参りするのは宗教といえるのでしょうか。商売繁盛・家内安全を祈って、朝晩、熱心に念仏をとなえることが、信仰といえるのでしょうか。


祈りが生活のリズムとなって、祭りが生まれた

私たちは、遠い祖先がこの地に生活を営んでから今日に至るまで、神道や仏教によって意味づけられない、素朴な人間としての祈りを持っていたことに注目する必要があります。

厳しい自然条件の中で、生活が順調にいっている場合には、なるべくその状態を続けさせたいと願うのは当然でしょう。また、不調・逆境に追いやられたときには、一刻も早く逆境から抜けだしたい、と希うのは人間感情の自然な発露です。順調な状況がいつまでも持続して欲しいという願いや、逆境から早く抜けだしたいという祈りが、生活のリズムとなって、反復され定着すると、いわゆる「年中行事」になって、そこに住む住民すべてが、共同で祈願する形をとっていきます。これが、今でも全国各地で行なわれている祭りの原型であり、私たちの生活に深くはいりこんでいる年中行事です。

たとえば、共同祈願として、「雨乞い」の例があります。その昔、農民にとって雨が降るか降らないかは、農作物の収穫に直接かかわる生活上の一大問題であり、年中行事のなかで、もっともだいじな行事です。雨を降らしてもらいたいという農民の切実な願いは、神仏をどのようにおもてなしをするかにかかってきますから、さまざまな方法がとられています。

神社におこもりをして祈願する型、供物・供犠を奉納する型、踊りを奉納する型といったように、神をなだめすかし、あるいは喜ばせることによって雨を降らせるやり方がまず第一にあげられます。

雨乞いの踊りは、本来は満願の日に行なわれる喜びの表現の踊りであり、このときにかなでられる太鼓の音は、雷鳴を表わしているといわれています。水あび、つまり禊《みそぎ》をしたあとで行なわれる相撲も、カッパに対する供養として行なわれるもので、一種の舞いだとみることができます。

これに対して、神の怒りを引き起こすことによって、雨を降らそうというやり方もあります。山頂で火をたく「千駄《せんだ》焚き」などはそのよい例です。火をたいて、たちのぼる煙から雨を連想して、神の雨を降らせるという行為を模倣するのです。平地の氏神さまや水神さまの祠で雨乞いの祈願をしても、効果がないとわかると、村人が集まって薪《たきぎ》を積みあげ、火をつけるのです。

もうもうと吹きあげる黒煙が、山頂一帯にただようその中で、村人たちは水神の名まえを呼びながら乱舞します。山は、水分《みくまり》の神の祀られているところであり、神の怒りをかって雨を降らせるには、もっとも天に近く、平地で行なうよりもさらに効果があると考えられていた、とっておきの方法なのです。

雨乞いの行なわれる場所もまた、まちまちです。神社、お寺、お堂にこもる例。泉源や滝などの聖なる場、水分神の祀られている雨乞い岳、雨引《びき》山、雨降り山の山頂で行なうもの。川、池、淵《ふち》、海で行なうものなどさまざまです。

今でも全国各地からおおぜいの観光客が集まる、有名な京都の「祇園《ぎおん》祭」も、もともとは、行疫神《ぎょうえきしん》である牛頭天王《ごずてんのう》を祀ったものです。山鉾《やまぼこ》に擬《も》した災難の神を町から追放しようとする祭りで、これは農村の「虫送り」の習俗が都市に移ったものといわれていいます。祇園祭にかぎらず、暴れみこし、荒れみこしといって、川や海の中でもみ合う夏祭も、厄《やく》除けの行事から起っているのです。

旧暦の六月の晦日《みそか》に全国の神社で行なわれる夏越の祭りは、「六月祓《ばらえ》」ともいわれています。この日には、どこの神社も鳥居に茅《ちがや》をまいて輪にした茅《ち》の輪を立て、人びとはそこを三回くぐると、一年間は無病息災《そくさい》であるというのです。祭が終わると、その茅の輪片をとってきて、家の戸口に厄病除けとしてさしこむ習俗は、今でも田舎に行くとよく見られます。

日本人は祓《はらい》の好きな民族である

いっぽう、今でも私たちの生活のなかで広く行なわれている「年中行事」を見ても、災難を追い払いたいという願いから発しているものが数多く見られます。電気掃除機が今日のように普及するまでは、私たちはほうきで、ちりやほこりを、掃き捨てていましたが、悪霊も災いも罪も、同じように、ほうきで掃いてしまえばよいという発想が、年中行事のなかに見られます。

たとえば、節分になると、いわしの頭を焼いて、ひいらぎの葉につけて、戸口にさしている風景は、今でも東京の下町に見ることができます。これには、いわしの頭の臭さと先の鋭くとがったひいらぎの葉が、悪霊を退散させるという意味があるのです。

また、節分には有名人を年男に立てて、「福は内、鬼は外」というとなえごとをして、豆がまかれます。少なくはなりましたが、家庭でも、この行事は行なわれています。これは豆の持っている神秘的な力で悪霊を退けようとする、「厄除け」の一種です。家の上棟《じょうとう》式のとき、米やもちをまくのも同じような考えから出ています。

女の子の祭りとされている「ひな祭」は、その起源については諸説があってはっきりしませんが、祓の「撫物《なでもの》」から起こったという説が有力です。ひなはもともと人形《ひとがた》で、霊力のある呪具ですから、この人形で体をなでると汚れを祓うことができるとするのが、古代の風習であったと信じられています。

『神功皇后紀《じんこうこうごうき》』に、蒭霊《すうれい》（草から作った人形《ひとがた》）をもって、人の身代わりにしたことが記されているのも、その一つの証拠としてあげることができましょう。鳥取県では三月三日の夕方に、赤い紙の衣裳をつけたひなを、穀物をそえて桟俵《さんだわら》にのせて川に流す習俗が現在も行なわれています。人形につくったひなに汚れを移して、川に流してしまおうというわけです。

このように見てくると、祭りや年中行事を通して行なわれている祈りが、きわめて呪術的、おまじない的要素の強いことがわかります。このことは、祈りの方法を見ればいっそうはっきりするでしょう。

神仏に祈るには、「行《ぎょう》」が必要か

真剣に神社仏閣のご利益を得ようとする日本人は、「願かけ」と呼ばれる積極的な祈りを神にささげる風習が残っています。かつては、村落全体の生活が順調にいくように行なう共同祈願の形式がとられていましたが、現在では、個人の病気治しや、商売繁盛、あるいは厄年の際の厄祓いなどの願かけが盛んです。

まず、神仏に願かけをしようとする場合には、願をかけた神社仏閣に日参しなければなりません。「お百度参り《ひゃくどまいり》」は、毎日一度、願をかけた神社仏閣に詣でるという行為ですが、もっと早くご利益をいただこうとする目的から、一日に百度お参りするというふうに簡略化されて、現在は、この二つの方法が行なわれています。

一日に百度お参りするという場合には、神社仏閣などにお百度石が置かれていて、この石を目印にして、入り口とこの石とのあいだを百回往復するようになっています。この石がない場合には、あらかじめ榊《さかき》の葉などを百枚持って、それを一枚ずつ社殿に置いてくるという方法がとられます。

その間、心身を清めるために水を浴びる行《ぎょう》もしなければなりません。これを「千垢離《ごり》」といいますが、かならずしも水を浴びる回数は問題とはならないのです。千垢離をもっと厳しくしたものは、万垢離とも言い、寒中にはとくに寒垢離が行なわれます。

千垢離も万垢離も、一人で行なう場合もあり、また大勢でする場合もありますが、またその間、一般の人とは食物を別にする別火生活を送らなければなりません。そして、断《た》ち物と言って、米、茶、塩など、自分のもっとも好きな物をその間食べないことを、神仏に誓います。

神仏にお願いするからには、お願いするほうにもそれだけの心がまえが必要だ、という意味から行なうものですが、果たしてこのようなことが、祈りの深さを意味しているといえるのでしょうか。これは、神仏に祈りをささげる「念仏」にもいえるでしょう。ここではよく知られている「百万遍念仏《ひゃくまんべん》」の由来を見てみましょう。

念仏も、たくさんとなえればそれだけご利益があるのか

後醍醐《ごだいご》天皇の元弘《げんこう》元年（一三三一年）七月三日に大地震があり、疫病が全国的に流行したことがあります。諸寺諸山の高僧知識が祈禱をし、その除災を祈ったのですが霊験なく、最後に浄土宗本山の、知恩寺第八世善阿上人に勅命が下りました。浄土宗において鎮護国家の法があるならば、速かに修行すべしというわけです。

勅命を受けた上人は、「上人が高らかに仏に向かい念仏を百万遍となえれば、疫病ことごとく退去した」とあるように、たちまち霊験が示されたといいます。以後百万遍の寺号と、弘法大師自筆の「利剣名号《りけんみょうごう》」の名号を賜わり、災難が起こり、国々の寺々の祈禱の霊験がないときは知恩寺に勅命が下って、念仏百万遍が修せられたといわれます。

文明六年四月三十日の大地震のとき、寛正二年疫病の流行したとき、文明元年あやしき星が出現したときなど、毎度のごとく勅命が下り、百万遍を修することによって、ことごとく疫病が退散したと、百万遍念仏縁起は伝えています。

さらに、

「信心を起こして百万遍の念仏せば、その災難のがるべき事実に疑いなし。いかにいわんや未来極楽往生のこと、その身の信心によらば、弥陀本願の御誓いにいかでかもるることあらんや。一念弥陀仏そくめつむりょうとあれば、念仏一遍の功徳莫大なり。いかに況んや多念においてをや。現世安穏後生善所。なんの疑いあらんや。返しくも仰ぐべし、尊ぶべし。一切の疑いを去って、一筋に念仏門に入りて、現当の利益にかなうべくものなり。これにより百万遍の縁起かくのごとし」

と述べ、信濃国善光寺如来のご託宣によってこの縁起をすすめるとあるように、以後百万遍念仏はさかんになりました。


百万遍念仏には二つの種類があり、一つは「如法真修《にょほうしんしゅ》」または顆繰《つぶつぶくり》といって、一人が七日間または十日間を限って、念仏を百万遍となえることを言います。二つは「略法草修《りゃくほうそうしゅ》」または「早繰《ざらざらぐり》」といって、大勢の人が一千八十顆《か》、またはその枚数の百万遍数珠をつくり、一顆繰るごとに念仏をとなえて、その総和をもって一百万遍とするもので、実際には念仏の総計が十万遍でも百万遍といっています。念仏を百万遍となえれば、かならずご利益があるというわけですが、ここにも、祭りや年中行事と同じように祈りの型式化が見られます。

このようなことを一面から見れば、信仰と呼ぶこともできるでしょうが、また別の一面から見れば、占いや縁起と同じ一種の呪術だとすることもできます。このことは、日本的な信仰の発展経過をたどればうなづけるところですが、ここにはひじょうに重要な問題が含まれています。

じつはこの問題は、古くからたびたび論議の対象になっており、これが、もっとも典型的に表われたものに、宗教学者のあいだではすでに有名になっている「念仏=呪術論争」という問題があります。

宗教界を揺るがした念仏論争

論争の発端は、宗教新聞である「中外日報《ちゅうがいにっぽう》」の紙面に掲載された、家永三郎《いえながさぶろう》氏の「呪術は生きている――念仏は仏教の将来を左右する」（昭和三十四年六月十九日号）の一文です。以後、念仏＝呪術論争が数年にわたって戦わされ宗教界を揺るがせましたが、その内容をざっと紹介しますと、つぎのようなものでした。

『ある高等学校の歴史の先生が、聖徳太子のころの仏教寺院は大陸の新しい建築や彫刻や工芸や音楽などを集めた文化センターみたいなところだったと話したところ、生徒は目をまるくして驚いたという。歴史の初歩的な知識を持っていれば、葬式と仏教寺院との結びつきは、日本仏教史の上で比較的新しい時期に発生した現象であることはわかるはずであるが、国民の一般常識では、お寺といえば葬式と不可分のものであったかのように信じられている。

お経が意味のある内容をもった文章であることを知らなかったという告白はしばしば耳にはさむが、棺前で奇妙な節をつけたわけのわからぬお経が長々と読み上げられる光景は、実際奇妙キテレツなものというほかない。ただ、長年の慣習で、日本人の感覚がマヒしているので、それほどおかしい現象と考えられないだけの話である。もし釈迦がこの世に再び現われたら、この奇妙な光景を見ていぶかり、それが自分のはじめた「仏教」の儀礼であると聞かされたら、驚いて腰を抜かすに違いない。

仏教徒は、いろいろの新しい「宗教」を批評して「類似宗教」と嘲笑する。なるほど、仏教の経典に書かれている内容は「類似」とはっきり区別される正真正銘の「宗教」の名に価するであろう。しかし、そのお経が意味のわからないままに奇妙な節まわしで読みあげられるとき、棺前読経は明らかに呪術化しているのである。「宗教」であるかないかは、仏教とかキリスト教とかいう名目で判定されるべきではなく、現にその名の下に何がなされているかによって判定されるべきである。

しかも、日本の仏教を呪術にまで変質させたのは、けっして葬式法要だけではない。すでに、律令時代の鎮護国家の法令が呪術であったのである。平安時代の加持祈禱が呪術であったことは、いうまでもない。そして、鎌倉新仏教の念仏も、南無妙法蓮華経ととなえる唱題もまた、呪術であったと附言せざるを得ない。

法然は「信心」を強調することによって、呪術より宗教への転換の道に勇敢に踏み切った。親鸞も、「行」に対する「信」を前面に押し出して、呪術よりの離脱を完遂するかと思われる飛躍を敢えてした。鎌倉新仏教の画期的意義をそこに見い出すのであるが、法然も親鸞も、念仏を声をだしてとなえる口称念仏《くしょうねんぶつ》に固執《こしつ》して、ついに呪術と縁を絶つことができなかった。その後に現われる一遍《いっぺん》も日蓮も、再び呪術的性格を濃くしていったように見える。鎌倉新仏教が、その出現においてて到達した高い思想的水準を長期にわたって維持できなかったのには、多くの歴史的理由もあるが、その思想内容からいって、出発点から呪術的要求を完全に清算できなかったことにあるとみるべきである。

科学の発達がどんなにすすんでも、宗教を無用ときめつけることはできないが、呪術に対しては徹底的にその虚構性を解明するだろう。原子力時代の今日にもまだ呪術の役割が続いているのは、科学の発達の及ばない領域を残しているからである。遠い将来まで仏教がその生命を維持しようと望むならば、その呪術性を清算して、真の「宗教」に転化するほか残された道はないことを知るべきである』

家永氏は、「親鸞の念仏――親鸞の思想の歴史的限界に就て――」という論文によって、念仏無用論の提唱者であったのですが、この爆弾的一文は、数年にわたって、仏教学者や浄土教の僧侶が反論・賛成論をとなえたりして、にぎやかに紙面を飾ったのです。しかし、その論争は、宗教と呪術をどう考えるかについて、相互に喰い違いがあったために、かならずしもかみ合ったとはいえないようです。

いったい、宗教と呪術は、どのように区別されるのでしょうか。

呪術と宗教の違いは、それを信じる人間の態度できまる

呪術と宗教を区別する学問的試みは、これまで多くの学者によってなされてきましたが、その一般的意味は曖昧なままに残されているといえます。ただ、特定の社会については、厳密な分類が可能であるとみるのが、現在の学問的水準からみて、おもな傾向であるということはできます。

呪術の特質は、法則の支配による作用の直接性と必然性にあるとみたのが、イギリスの民族学者フレーザーです。彼の研究によれば、呪術は論理の世界に属するもので、科学と類似しています。呪術も科学も、現象の因果律に基づいているからです。原因があればかならず結果がある。あるいは結果にはかならず原因があるとみるからです。ただ、因果の法則が合法的に適用されたときに科学と呼ぶのに対して、法則を非合法的に適用した場合が、呪術だということになります。

つまり呪術と科学とは、異腹の兄弟の関係にあるとみるのです。呪術が、人間よりすぐれた力を持つもの（神）を強制し統御しようとするのに対して、宗教は、人間よりすぐれた力を持つものに対して懇願する態度をとるとみたのです。

呪術と宗教とは、発生的にはどちらが先かという論議も、たびたびなされてきました。フレーザーは、呪術が間違った観念連合、非合法的な因果律の適用に基づいているので、その誤謬が認識されて宗教が生まれると説いています。これが呪術先行論といわれるものですが、これに対して、宗教社会学者デュルケムなどは宗教先行論をとなえました。

しかし、呪術が先か、宗教が先かという問題は、それを歴史的に裏付けることが困難です。呪術と宗教とがお互いに混在し合っている場合が、いろいろな文化に見いだされることが多いために、呪術宗教的という言葉が次第に用いられるようになってきています。呪術も宗教も、その対象が人間を超えた存在（神・仏）で、その本質もともに超自然性にあるとすれば、発生的にも、対象的にも、本質的にも、区別することができないのは当然でしょう。

そこで、呪術と宗教とを区別するものは、呪術を用い、宗教を信じる側の人間の態度しかないということになります。では、具体的にどう区別したらよいのでしょうか。

まず呪術が、危機的状況にあるときに侵入してくるということに注目してみましょう。料理とか、掃除とか、洗濯などには、呪術はみられないのです。いつまでも降り止まない豪雨や一滴の雨も降らない日照り、戦争などのように人間の力の及ばない危機的な状況に迫られた場合に、呪術が生まれてくることになります。

人類学者のマリノフスキーは、呪術は人間の打算の及ばないできごと、たとえば、カヌーの製造とか漁撈への出航といった「事をなさんとするまえ」に施されると述べています。これに対して宗教は、カヌーが完成されたあととか、漁撈から帰航したあととかといった「事がなされたあと」に登場するのだというのです。

そして、その際人間のとるべき態度の働きの面から、「呪術とは、後に随起するものと期待されるような一定の目的結果にたいする手段にすぎないところの行為からなる実際的な技術であるが、これに対して宗教は一団の自己充足的な行為であって、その行為そのものがそれ自体の目的を充足する」と、明確に呪術と宗教を規定したのです。


わかりやすくいえば、神仏への儀礼が、実際的・功利的な目的をもって営まれる場合は「呪術儀礼」となり、功利的目的をもたず、儀礼が営まれればそれで目的が満たされる場合が「宗教儀礼」ということになります。

ここで、葬式の場合を取りあげてこの問題を考えてみましょう。肉親の死に際しては、愛惜の念と腐敗していく死体への嫌悪感という、まったく矛盾する情緒反応に、遺族は包まれています。愛惜の念は、死体を保存しておきたいという願いによって、ミイラにして永久保存するという死体処理がなされたりします。いっぽう死体への嫌悪感は、一刻も早く死体との関係をも断ち切りたいという傾向に走ります。その極端な死体処理方法が、火葬となります。

つまり、「葬式儀礼」は、このような相矛盾する情諸反応を処理する機能を持っているというわけです。

愛する者の肉体は滅びても、霊魂は不滅であり、愛する者が他界に安住するのだと確信することによって、それとの合一が計られるのです。もっとつきつめていえば、死者をあの世に送りだせば、葬式儀礼は成就されるのです。したがって、宗教儀礼には、その儀礼を営むことが目的となって、そのあとに、なにものかが期待されるのではないということになります。

このように、マリノフスキーの説によって呪術と宗教の関係をみてきますと、たいへんすっきりしてきます。しかし、呪術が実際的な目的や功利性を目的にするといっても、まだ曖昧《あいまい》さが残ります。極端にいえば、神仏への祈願は、かならず実際的な目的を持っていますから、すべて呪術になってしまいます。

また、無宗教者が慣習の上から、あるいはレジャーの一環として神社仏閣を訪れたとしましょう。この場合も、訪れて見物することが目的ですから、神社仏閣にお参りすることで目的は達せられるという意味で、宗教に分類することだって可能になってきてしまいます。

呪術は、神仏を道具としている

ここでは、さまざまな学説を紹介しますが、両者を厳密に区分することが目的ではありません。その後の学説の展開をつけ加えながら、つぎのように考えていくことにしましょう。

まず、呪術も宗教も共通の母胎から成りたっていることから出発していきます。共通の母胎とは、逆境にある場合には、なんとか逃れたいという願いであり、順境にあるときは、その状況を長く持続し維持していきたいという、素朴な人間の生活の営みから発してくる願望です。

このような素朴な願望が物質的な欲望となり、ある功利的な目的のために神仏を道具として、その目的をかなえさせようとする場合には呪術とします。呪術は、あくまでも人間中心主義の立場で、神仏は目的のための手段にすぎず、神仏とは機械的にキブ・アンド・テイクの形をとって結ばれます。

これに対して、宗教も根底に人間の生の営みの願望を置きますが、神仏の神聖感に基づく懇願的な態度をとるときに宗教であるとします。素朴な人間の願望は、祈りとなって結晶します。つまり祈りとは、人間と神仏とのあいだの生きたコミュニケーションであり、また、人格的な触れ合いとも、対話であるともいえます。

神仏の前に立ったとき、人間存在の弱さの自覚が、魂の苦悩と精神的なあるいは物質的な困窮を訴え、神仏の加護を乞い求める懇願的態度をとらせることになります。これだけ神仏に祈ったから、きっとご利益がいただけるという態度は、結果は神仏を道具としているだけで、呪術的態度となります。

「身を捨ててこそ浮かぶ瀬もあれ」というように、自分の力を頼んで力を入れれば入れるほど、溺れてしまうのであり、自分の力を抜き去ったときにこそ、自然に水中から浮かびあがるのです。簡単にいえば、苦しみからくる祈りの欲求は同じであっても、その態度いかんによって呪術にも宗教にもなるということです。

宗教が堕落すると、呪術がはやる

家永氏が「念仏は呪術」であると断言しましたが、念仏は宗教にも、呪文《じゅもん》にもなりうるものであることは確かです。呪術の根源は念仏にあるのではなく、これを受けとる人間の側の態度によって変わってしまうからです。

死者があると、親類であればもちろんのこと、近所の人でも、知人でも、人びとは急いで数珠をたずさえて駆けつけます。このとき、念仏をとなえてその善根《ぜんこん》を死者に回向《えこう》するならば、宗教といえるでしょう。しかし、多くの人は、遺族にあいさつをして、遺体を前に声をあげて念仏をとなえても、その念仏が、死者を浄土に送る呪文としてとなえられてはいないであろうかという疑問が残ります。数珠をはずして、家に帰るときには、清め塩で身を清めてからわが家にはいるのが慣習となっていますが、本来仏教には「忌み」はないのです。このことからも、呪術か宗教かは、神仏に祈る人間の態度によってきまることがわかります。

世界宗教という名で呼ばれる仏教やキリスト教は、その長い歴史の中で呪術から生まれ、しかも、呪術の追放の努力をたえず積み重ねてきた宗教であるといえます。しかし、心の奥底に秘められたよりよき生の営みの願望は、庶民が仏教を受け容れる際には、経典に説かれた利益を示されて、はじめて仏と結縁《けちえん》する歴史であったといえましょう。仏教教団の側では、方便として人びとを寺にひきつけ、しだいに呪術的なものを払いのけて、真実の仏教理解へ向かわせようとしたわけですが、しかし、人間の内部にひとたび潜在した呪術的傾向は、なかなかに強靱であり、容易に払いのけることができません。

とくに、仏教の教化力が衰えて活気を失ってくると、いわゆるタガがゆるんで地下水のように呪術が湧出して、ついに宗教を押し流してしまいます。その事態に至ると「宗祖にかえれ」、「釈尊にかえれ」といった教化活動が起こり、信仰運動によって呪術追放にのりだすといった歴史がくり返されてきたのです。

ご利益信仰は、宗教の入口

「ご利益信仰」についても、およそ二つの見方があります。一つは、仏教が解脱宗教で、此岸（この世の中）を離れて彼岸（仏の世界、真実の世界）に渡ることを教える以上、たとえ方便であっても、「ご利益」を説くことは此岸の執着を説くことになるという理由から、全面的に否定する見方です。「ご利益信仰」は呪術の世界で、此岸の欲望をむきだしにした、神仏をも畏れぬ人間中心主義の世界だというのです。

仏教は「解脱」の宗教であり、その言葉どおりに解《と》き脱《ぬ》ぐと書いて、目にみえぬさまざまな縄でがんじがらめになっている人間を、縄から解いて自由の身にする教えです。真の自由、すなわち解脱を得るためには、貪《むさぼ》りの縄・怒りの縄・愚痴の縄という煩悩の縄を、ひとつひとつ解き放たなければなりません。ご利益信仰を否定する立場からすると、目に見えない縄で幾重にも縛られた人間を、その縄をより太く固くして締めつけるのがご利益信仰であるということになります。したがって、解脱という絶対的ご利益にくらべれば、物質的ご利益は相対的ご利益として否定されることになります。

しかし、目にみえない縄で幾重にも縛られた人に心の窓を開かせるには、方便としてご利益を示すことは必要であるという見方もできます。これが第二の見方で、たとえば、恋愛に悩む乙女には、この仏を信じて一心に祈れば、かならず恋が成就すると教えれば、心をこめて祈ることになり、恋の成就・不成就にかかわらず、仏の大いなる慈悲を知って、しだいに仏心は育っていくとみるのです。

いわば、ご利益を機縁として仏道にひき入れていく立場だといえます。貧困に苦しみ疲れた者には富を、眼病に悩むものには治癒をと、人間の欲望を機縁にして信仰を深めようというのが、「ご利益信仰」を肯定する見方です。

『日本霊異記《にほんりょういき》』中巻第十三に、こんな話があります。

和泉国《いずみのくに》泉郡《いずみ》（現在の大阪府泉北郡）の山寺に、「吉祥天女《きっしょうてんにょ》」の泥像がありました。聖武天皇の御世に、信濃国の「優婆塞《うばそく》（篤信者）」がその山寺にやってきて住みこみ、天女の像をみて愛欲の心を燃やしました。一日六度の勧行に、「吉祥天女のような器量のよい女を私にくださいと願いました。すると優婆塞は、ある夜、天女の像と交わった夢を見て、翌日、確かにその像の裾が不浄に染《し》みて汚れていたというのです。優婆塞はそれを見て、心に恥じてしまい、「私は、ただ『似た女』をとお願いしただけですのに、どうして、もったいなくも天女御自身でお近づきくださったのですか」と告白したのです。

『日本霊異記』の作者は、深く信ずればかならず感応しないものはないことを教えようとしたのです。淫蕩《いんとう》の男に身を任せ、わが身を供養する仏の代受苦の思想を伝えようと意図しているわけです。そして、こうした人間本来の願望を機縁として、衆生を救っていく方便を教えるものだということになります。

ご利益信仰は、「方便《ほうべん》」である

「嘘《うそ》も方便」という言葉があります。目的のために一時的に利用する手段の意味に、一般には使われていますが、嘘が嘘になっては、本来仏教で説くような意味での方便にはならないことを、ここで注意したいと思います。『法華経』譬喩品《ひゆほん》第三には、方便は嘘にはならないという「火宅《かたく》の譬《たとえ》」が載っています。内容をざっと紹介しますと、つぎのような譬えです。

大長者の邸宅が火事になり、火が四方に燃えあがった時のことです。大長者は驚いて、「早く逃げなさい」と叫びましたが、子どもたちは遊びに夢中になっていて父の声も聞こえず、避難しません。そこで一策を考えついた大長者は、「子どもたちよ、お聴き。前々から欲しがっていた羊車、鹿車、牛車が、今、門の外にあるから、行って遊びなさい」といいました。

これを聞いた子どもたちは、ふり向きもせず、争って戸外に走りでて、難を免れることができたのです。門の外には約束の車はありませんでしたが、大長者はあとからりっぱな飾りつけをした大白牛車を与え、子どもたちは、思いがけないことから欲しがっていた車をもらって喜びました。

この譬えのなかで、火宅は迷いの世界をあらわし、方便として話した羊・鹿・牛のそれぞれの車は、迷いの世界から悟りの世界への乗物である声聞《しょうもん》・縁覚《えんかく》・菩薩《ぼさつ》を表わしているのです。方便では、その能力に応じて三車をそれぞれに与えますが、火宅からとび出した子どもたちに等しく菩薩乗の牛車を与えているのは、大長者である仏の大慈悲を表わしています。

この譬えは釈尊とその弟子、舎利弗《しゃりぶつ》の問答形式をとって語られていますが、釈尊の問いに答えて舎利弗は、大長者がたとえただひとつの乗物さえ与えなかったにしても、嘘をついたことにはならないといっています。その理由は、火事から子どもを救いだしたこと、すなわち迷いの世界から解放したことにあるからだというのです。

この譬えをそのままご利益信仰にあてはめてみたら、どうなるでしょうか。ご利益を求めてきた人びとに対して、たとえ願いが叶わなかったとしても、人びとを迷いの世界から信仰の世界に脱出させることができていたら、その方便としてのご利益は嘘ではないということになります。しかし、ご利益がそのままにとどまっていれば、ご利益を説くこと自体は嘘ということになるでしょう。

ご利益の全面否定は、祈りの否定になる

呪術に汚染された「ご利益信仰」を否定することは容易です。とくに、眉をしかめざるを得ない現代の風潮を見ると、ご利益信仰を否定したくなるのも無理はありません。神社仏閣では、験力《げんりょく》が数ヵ月しかないというお守りまで「発行」しているそうです。また、自動車のお祓いも「有効期間」が一年間になっていると聞きます。

ある会社では、一年ごとに大挙して特定の神社仏閣のお祓いを受けることが年中行事化しています。「お守り」は、本来祈りをこめたものであり、神仏の加護の「依代《よりしろ》」です。それなのに、その呪力の効験が短縮化される傾向をたどっていることは、もともと呪符であるお守りが、ますます呪術化され、即物化されているといってもい

いでしょう。

お守りは、神仏が加護し、たえず擁護していてくれるという内面の祈りがあってこそ、自動車の窓に下がるお守りを見て、無理なスピードを出すまいという神仏とのコミュニケーションが生まれるのです。それがあればこそ、信仰につながっていく一つの機縁ともなるのです。

しかし、お祓いを受け、お守りがあるからといって、事故はないと因果的に考え、無理な追い越しやスピード違反をものともしないと考えるならば、事故を起こしたあとで、どこそこの神社仏閣は効きめがないときめつけ、逆に神仏は頼むに足らずと考えるようになるでしょう。これでは、信仰への機縁にはなり得ません。

すでに呪術と宗教の違いは、それをになう側の人間の態度によることをお話ししました。呪符であるお守りを持つ場合でも、神仏との対話である祈りがあれば宗教につながるのであり、機械的なギブ・アンド・テイクの関係には、祈りは影をひそめ、欲望そのものがむきだしの状態になって呪術化してしまいます。

祈りが、人間の素朴な生の営みの強い意志の発動であるだけに、呪術的な「ご利益信仰」もその根底は共通の母胎だといえます。ですから、この問題は、簡単に解釈できないものであるといっていいでしょう。

「古画を洗う」という諺があります。名画は時代を経てくるあいだに、原画の形も色彩も薄れ、埃にまみれた姿は、なんともいえない味がでているものです。原画の形や色彩を見たいものだといって、いきなり洗剤をぶちかけゴシゴシ洗ってしまったら、埃も垢も塵も取れるでしょうが、絵具も流れて、黄いろく汗ばんだキャンバスだけになってしまうでしょう。

祈りが強いほど、神仏と心が通う

『雑阿含経《ぞうあごんきょう》第五十』に、こんな話が出ています。

舎利弗が托鉢をしていると、向こうから酒に酔った外道《げどう》が、酒瓶を下げて現れ、舎利弗の見すぼらしい姿を見てこうあざけり笑いました。

「米の油が身をこがし、米の油の壺持って、すべての世間を眺むれば、どこもかしこも金の色」

舎利弗はこれを聞いて、負けずに、言いかえしました。

「無想の味わいが身をこがし、空三昧《くうざんまい》の壺持って、すべての世間を眺むれば、どこもかしこも糞だらけ」

舎利弗のいわんとするところは、心眼を開いて物事の理をきわめよということです。煩悩に覆われ、呪術に汚染されていては、糞を金色に見てしまうものです。

呪術に汚染された眼は、ちょうど埃にまみれたイロメガネをかけているようなものです。目にみえない縄を解き放つには、埃にまみれたイロメガネをはずすことが先決です。そうしてはじめて、今まで見えなかったがんじがらめの縄が見えてきます。

観音さまの再来と慕われた良寛《りょうかん》が、親しい友である山田吐皐《とこう》に宛てた手紙の一節に、
「災難に逢う時節には災難にあうがよろしく候。死ぬる時には死ぬるがよろしく候。是はこれ災難をのがるる妙法にて候」
とあります。眠れない夜には、眠ろうとすればするほど目が覚めてくるものです。いろいろと努力してもだめだと諦めたときに、いつの間にか眠ってしまったということは、あなたも経験したことがあるでしょう。

舎利弗、良寛はそれぞれ悟りを開いた人ですが、私たち凡人には、祈りを信仰にまで高めるには時間がかかります。悟りに至る道は長くけわしく、悟りのまえには

苦悩があります。精神分析学者のフロイトは、神は幼児期における父親のイメージの投影であると述べてます。

幼児のころに、仏壇の前に正座させられ、合掌を祖父母から教えられた人は、やがて成人していく過程で反発して宗教的な心を失ってしまいますが、幼児のころに播《ま》いた種は、かならず心の中に芽を出し、開いてくるものです。

たとえば、老人がりんごの木を植えるとします。老人にとって生きているあいだには、おそらくリンゴの実を食べることはできないでしょう。しかし、老人の心の中には、孫がリンゴの実をおいしそうに食べる姿が見えているのです。これと同じで、信仰は、長い年月とともに養われていくものです。

熱心なあるお寺の檀家総代のひとりは、幼児のころをふり返って、つぎのような話をしてくれました。「子どものころ、祖母に連れられて、よくこの寺にお参りしました。長いお経に退屈しても、足がしびれても、祖母にしかられるのでじっと我慢をしていました。ときには和尚や祖母が念仏のとき目をつぶっているのを見て、抜けだして、ローソクをそっと消したり、いたずらをしたりしました。お墓の石をひっくり返し、柿の実を墓石に投げたりしたこともあります。

しかし、今お寺の世話をしているのは、子どものころいたずらした償いをしているのです」淡々としてこう話す老人の姿には、すがすがしさが感じられたことを覚えています。

祈りは、意志の発動であり、心のエネルギーです。神仏に、こうして欲しい、ああして欲しいと願うのは我欲の燃焼です。祈りが強ければ強いほど、神仏に任せきった祈りとなり、神仏と心が通じ、やがて、祈りが祈りでなくなっていくのです。

(二) 現代人に祈りは必要ないか

感動する心を失った現代人

今までのところでお話ししたように、「ご利益」を祈る人びとは、ややもすると、自分の努力を放棄した呪術的な祈りに陥る危険性を持っています。しかし、かといってご利益を求めて祈ることを否定してしまうと、せっかく人間が真の祈りの入口に立ったのに、その戸口を閉ざしてしまうことになりかねません。その兼ねあいがむずかしいところです。

いつの時代にも、こうしたジレンマはあり、それがために、すでにお話ししたようなご利益信仰の歩みも見られたわけです。しかし、私たちは、現代の日々を暮らしている人間として、現代人にとって、現実に、真に祈るということはどういうことか、また、それを妨げる呪術的な祈りへの誘惑がどのような形で私たちの回りを取り巻いているかを、よく目を凝らして見なければならないと思います。

ほんとうの祈りといっても、何もふつうの人間とかけ離れたところにあるわけではありません。たとえば、幼児が人形遊びをしている風景を見たことがあるでしょう。幼児は、人形に話しかけ、あたかも生きもののように扱っています。幼児にとって、人形は生きた人間や動物と同じで、自由に話しかけ、声を聞くことができるのです。

物理的現象としては、もちろん人形が声を出したり、人の声を聞きわけたりするはずがありません。子どもは、それを自分の心の中で、イマジネーションによってあたかも現実にそうであるかのように感じているのです。

これは、人間が、現実には目の前に存在しない神や仏に「祈る」行為の原型ともいえます。それなのに、浅知恵の大人は、幼児の対話が一方通行では可愛そうだとばかりに、電気装置で喋る人形を与えたりします。これは、幼児の祈りの世界を奪うものであることを知らなければならないでしょう。

子どもに、祈りの原型となるこのようなイメージ化の能力が強いことは、トランプの「神経衰弱」ゲームをやってみるとよくわかります。おそらく、子どもと、このゲームをやって勝った大人はそうざらにいないでしょう。トランプがタテ、ヨコに並べられ、順番にひっくり返されていくとき、大人はタテから何行目、ヨコから何番目はハートの5というように分析的思考で記憶しようとするのに対し、子どもの頭は全体をイメージ化し、ちょうどテレビの画面を見るように全体の中での位置をつかんでいるのです。

人形に話しかけ、対話もできる幼児は、虫の声、鳥のさえずりに目を輝かし、感動します。大人にとっては何でもないできごとも、子どもの心の中では、それをきっかけにして豊かなイマジネーションの世界が広がるからでしょう。

この感動する心こそ、祈りの心です。成人するにつれて、イマジネーションの世界が小さくなり、感動しなくなっていくことは確かです。子どもにとっては意図する必要のなかった祈りが、大人にとって意図的に行なわれなければならないものになっている最大の理由がここにあるといえます。

意味を失ってきた宗教的行事

昔の生活パターンは、農村型に代表される特徴を持っていたようです。種まき、除草、収穫など、農事暦に定められた行事は、四季の移り変わりをそのまま反映し、毎日の生活リズムも、すべてその農事を円滑に成しとげられるように工夫されていました。

こうした生活の中では、一連の農事の合い間を縫って行なわれる祭りが、また重要な意味を持っていました。その重要さは、祭りが行なわれるのは、いわゆる「晴れの日」であるというところに表われているといえます。

もちろん「晴れ」といっても、天候のことではありません。「晴れの舞台」とか「晴れの場」とかいわれ、特別な意味を持ったたいせつなことを表わす言葉なのです。

たとえば、祭りにはふだんとは違ったきれいな着物を着ます。祭りに着る着物のことを「晴着」というのもこのためです。それに対して、日常の農作業の泥にまみれた服装は、褻《け》の生活のものです。

日常生活（褻の日）は、朝は日の出まえから田畑に出て朝めしまえの仕事に精を出し、朝食を終えるや弁当持参で田に畑に汗を流し、夜はほの暗い明かりの下で藁《わら》仕事、種まきや除草のための農機具の整理や準備に明け暮れる毎日であることに対し、晴れの日に行なわれる祭りは、このような単調な日常のリズムを一時的に断絶して、平素では味わえない山海の珍味を口にし、痛飲して踊りや歌に興じる、いわば折り目、句読点の役割りを果たしていたのです。

もちろん、現代の生活においても、年に一度の催しや行事はたくさんあります。正月には年賀状、続いて入学試験、入社試験のシーズン、また、世間では春闘という年中行事もできあがっています。緑の週間、山開き、国体、文化の日、歳末助け合い運動、クリスマスという名の忘年会など、数えあげればきりがありません。

しかし、かつての日本の生活と根本的に違うのは、これらの行事がお互いに連続性を持たず、その時期になされる必然性が希薄で、人々の生活を深く突き動かすリズムになっていないということです。文化の日のあとに忘年会をやろうが、忘年会のあとに文化の日を決めようが、いっこうにさしつかえないのです。

数字の10が目に似ているから10月10日を「目の日」にしようというほどひどくないにしても、週に一日休むのも、月給制にするのも、かつての農事暦ほどの必然性を持たない便宜的なものといわねばなりません。

昔の生活にも、もちろん便宜的なきまりはあったでしょうが、現代の都市化した生活パターンの中では、その度合がはるかに高いことをいいたいのです。

ここでは、かつて年中行事が果たしていた、生活の重要な折り目や句読点としての役割りはすでに失われてしまっています。こうした一般的な状況の中で、私たちは、現代人にとっての「祈り」を考えねばならないでしょう。

宗教ブームに真の「祈り」はない

こうした傾向を、この本の冒頭に述べたような宗教ブームに重ね合わせて観察してみると、やはり、その〝宗教〟とか祈りを、額面どおりに受け取れないことが、はっきりしてきます。

かつて、ディスカバー・ジャパンとかで見直されたはずの「ふるさと」と、そのふるさとを求める心に、そのことが端的に表われています。というのは、まず、いま述べてきたような理由によって、ふるさとそのものが、大きく変質してしまっているからです。押し寄せる都市化の波によって、生活リズムが変わり、さらに田舎と都会との区別をできない飛躍的な物質的繁栄によって、好きなときに酒が飲め、海の幸、山の幸も口にでき、スポーツ、音楽、観劇もできるとなると、かつてあった「晴《は》れ」と「褻《け》」の区別がつかなくなります。

また、こうした生活リズムの変化は、農村に農業のにない手を居つかせなくし、都市に人口が流出して、たとえば農村に祭りの際のみこしのかつぎ手がいなくなるなどの現象をひき起こします。専業農家が激減し、父ちゃんは出稼ぎに出て、母ちゃんと爺ちゃん、婆ちゃんによる三ちゃん農業が中心になったり、また、都市の近郊ではふるさとの喪失が起こっています。

そのため、各人、各家庭に共通の日どりがとれなくなり、みこしのかつぎ手をアルバイトにまかせるよりほかに道がなくなってくると、祭りの本来的な意味はここに終息してしまったと見なければなりません。いわば村の祭りは、子どもたちのための娯楽的な意味しか持たなくなってしまったのです。

こうした変質を知ってか知らないでか、あるいはまた知ったところで「関係ない」のか、確かに有名神社の祭りや青森のねぶた祭り、西大寺の裸祭りなど、観光目的の対象となっている祭りはますます盛んになっているのです。

ということは、以前は祭りは主体的に祭る立場の側から参加したけれども、現在はお客の立場に立って、すなわち見る祭りに変わってしまっているということです。

このように見てくると、いままで日本人が真剣に心から願いをこめて行なっていた祭りも、習俗も、ただ珍しいしきたりでしかなくなってしまいます。農民の超自然への素朴な祈りは、見る対象、遊ぶ対象となって娯楽化され、全国の社寺を盛んにさせたのです。宗教ブームと騒がれても、それは、真の宗教、真の「祈り」とは、ほど遠いものといわなければならないでしょう。

(三) 真の祈りとは何か

どんなとき一心に祈れるか

一心に祈るということはどういうことなのでしょうか。

「人間、盛りに神崇《たた》りなし」という諺《ことわざ》がありますが、信仰者といわれる人を除くならば、ふつうの一般の人たちは、まさに健康な状態のときには、健康のことをすこしも気にしていません。ところが、いったん病気になると、健康のありがたさがわかるように、何か危機的な状況に陥ったときにのみ神仏を求める、という心理があります。

精神分析学では、人間は不快な状態に直面したり、フラストレーション（行き詰まり）に直面した場合には、自分をその状況に自動的に適応させて守ろうとする傾向があると解釈しています。たとえば、不快なことはなるべく忘れようとしたり、失敗の原因は他に転嫁させて、その失敗した行為を合理化しようとしたりするのはそのよい例です。

このように、本能的に、また試行錯誤によって積極的に合理化・投影を行なって、欲求・不安・葛藤による緊張を減退させたり、消極的には抑圧したり、逃避したりする適応の仕方は、フロイト以来、「防衛機制」と呼ばれています。

だれでも野球のグラウンドのそばを歩いているとき、ファウルボールが自分のほうに向かってきたら本能的に避けようとするでしょう。それと同じように、異常な状態に陥ったとき、たとえばお産のときなどに、妊婦が安産を願って水天宮の加護を受けようとするのは、一種の防衛機制といえます。しかし、無事出産をすませてお礼参りをすると、そこで水天宮との縁は切れてしまいます。そして、子どもが大きくなり、受験にでもなると、今度は天神様と縁を結ぶことになります。

赤ん坊を無事産みたい。子どもを無事合格させたいと思っているだけなら、まだそれほど危機的な状況ではないかもしれません。しかし、赤ん坊や母体にもしものことがあったらとか、試験に失敗したらということを考えると、まさに危機的状況ということになります。

そして、この危機に応じて神仏が求められ、危機が去ると同時に、神仏を求める気持も消えてしまうのが人間のふつうの心理なのです。

人類学者のマリノフスキーによると、宗教的・呪術的なものは、料理、掃除、洗濯などの、十分に技術的調整の取れる行動には、けっして介入することはあり得ないのに対して、「運」のように統制不可能な力が、人間の行なう計算を狂わしそうな行動の場合には、かならず侵入すると言っています。

心理学的にみれば、呪術の機能は、楽観論と成功の確信とによって、個人の心理的な安定をもたらすものであると考えられています。いってみれば、心理的にわれわれが十分に安定した状態にあったら、神仏に加護を願うという気持は起こってきません。

ところが、安定が乱され、その安定を取り戻そうとするときに、神仏への祈りが出てくるといえるわけです。

行き詰まりに直面し、人間としてなすべき適応の術を失ったときに、はじめて、真剣な、誠《まこと》をこめた心からの祈りが起こってくるのです。

もし、この世に現実に奇跡や神仏のご利益があるとすれば、こうした祈りの一心さを生みだす心理から出現するといっていいでしょう。確かに、神仏への祈りが奇跡となって願いが叶えられることは、しばしば報告されています。

一時的な祈りでは、ご利益は得られない

宗派・教団の教祖の到達した境地は、一般人の真剣な祈りと共通しているものであり、ただその相違は、そういう心境が一時的であるか、持続的であるかとの違いとみてもよいでしょう。ただ、一時的な祈りが此岸《しがん》にのみとどまっておれば、神秘主義の耽溺《たんでき》となる怖れがあり、判断停止にもなりかねません。

仏教で仏道を修行するといえば、それはその究極の願いが、生死《しょうじ》を解脱《げだつ》することに向けられています。つまり、此岸（現実の世界）から彼岸《ひがん》（仏の国）にその志向性が向けられているということです。一心に、心から神仏に祈るということは、神仏にすべてを委ねるということであり、それは自己の否定に通じています。これをかりに自己否定の道と名づけ、これに対して、仏教の側で否定さるべき現世利益の姿を、自己肯定の道として対照させてみましょう。

すると、自己肯定の道は、現在の自己を取り巻いている行き詰まり、あるいは自己の存在をおびやかす力を排除するために、神仏に祈って目的を達しようとする場合があてはまります。この場合、彼岸への志向はみられず、この現実世界にとどまっているために、神仏を自己の目的のために手段と化して利用してしまいやすいという意味で、現世利益そのものを目的とし、神仏を操作的に扱いがちになります。

これに対して、自己否定の道は、人間存在そのものの行き詰まり、すなわち人間がやがて死ぬべき存在であるという、どうにも解決することのできない生死の問題を見つめ、それから解脱することに問題性を見いだし、方向性を定めていくのです。そこに自己存在の有限性を超えて、永遠の生命への安住、彼岸が求められることになります。

たとえば、浄土教では、「厭離穢土《おんりえど》（現世否定）」を仏教にはいる入口とし、欣求《ごんぐ》浄土《じょうど》の志を起こすことを説きます。つまり、生を生として、彼岸にとどまっていては、実存の本質はわかるものではないのです。死、すなわち否定を通して、生を見つめかえすことによってこそ、現実の生の重みを取り返すことができるのです。

過去（生）から現在へ、さらに未来（死）へと、人生の終局を死として捉えるのではなくて、人間は、本来死すべきものであり、死はやがて自分に及んでくるという意味で、死は現実の問題として有意義に捉えていかなければなりません。そこに、未来（死）から現在、現在から過去（生）と、時間の逆転が行なわれてこなければならないのです。

法然が、「生けらば念仏の功積《こうつ》もり、死なば浄土へ参りなん。とてもかくても、この身には思いわずろうことぞなきと思いぬれば、死生ともにわずらいなし」というところに、祈る人間の安住の境地があり、「救われた」と功徳をいただくことが、親鸞の報恩行《ほうおんぎょう》となって展開されていくことにもなります。

真の祈りは、形からはいって形を超えるところに開かれる

人間は緊張すると、自然に力がはいって肩が張ります。心の状態は、敏感に身体に表われるのです。逆にいえば、心をよく統御するには、身体を整えることが近道となるわけです。「法句経《ほっくきょう》」には、一般に「七仏通戒偈《しちぶつつうかいげ》」（過去七仏が一偈をもって略戒を授けたという偈文）として知られる文があります。

諸悪莫作《しょあくまくさ》　衆善奉行《しゅぜんぶぎょう》（すべての悪をなさないこと、諸《もろもろ》の善を行なうこと）

自浄其意《じじょうごい》　是諸仏教《ぜしょぶっきょう》（自らの心を清めること、それが仏の教えである）

この偈文は、自粛自戒こそ仏の教えであることを説いています。戒《いましめ》を自分の心に銘記して、身につけておけば自《おの》ずと悪をなすことがないというのです。修行とはくり返し身につけるというのが原語の意味で、「戒香薫習《かいこうくんじゅう》」といわれます。つまり、戒めの香で身体を薫じて、悪をなさず、善行を行ない、心を清らかに保つ習慣を身につけることにほかならないのです。

まえに、ご利益信仰を全面否定すれば、元も子もなくなるとお話ししました。呪術的信仰・宗教的信仰も、その発する母胎には、逆境にあってはそこから逃れたいと思い、順調な生活はいつまでも長らえたいという、人間のよりよき生の営みへの願望が横たわっているのです。このような生きるうえでの最小限の願望が、欲望をむきだしにし、神仏を操作して目的を叶えようとする神仏とのギブ・アンド・テイク的な関係に陥ると、呪術的信仰となってしまいます。いっぽう、人間のよりよき生の充実への願いが、そのまま結晶した場合には真の祈りとなるわけです。

祈りは、拝む形をとります。形の上からは仏教では合掌、神道では柏手《かしわで》となり、立ったり坐ったり、あるいは五体投地《ごたいとうち》（身体を投げだしてひれ伏す）などいろいろな形がありますが、あらゆる宗教に共通するのは「拝む」という行為です。

「拝む」ということは拝む者と拝まれる者とが一体となり、あるいは一体になりたいという願いの表われです。神仏を拝む行為は、拝む人間と拝まれる神仏との対話であり、意志の疎通です。

拝む行為は、拝む対象に尊厳を見いだすことであり、神仏に自ずと頭が下がる懇願的態度となって表われてきます。神仏を拝む行為は、神仏との合一、意志の疎通を計る行為ですから、自然に、親子兄弟、夫婦の和合につながっていく行為ともなるでしょう。拝む行為は、信頼のうえになりたち、拝む者は拝まれる者となっていくからです。人間同士の相互不信が、いきおい超自然との呪術的つながりを求める現代風潮となっている今日、拝み合うという形に昇華する「祈り」を取り戻すことが、なによりも急務ではないでしょうか。

畏《おそ》れを知る人間こそ、真の強者になれる

宗教における祈りとは、神仏との対話であることをお話ししましたが、そもそも対話とは、どうあるべきものなのでしょうか。本書を締めくくるうえで、この点をよく考えてみたいと思います。

学園騒動華やかなりしころ、「大衆団交」という言葉、また、「対話集会」という

言葉が流行しましたが、残念ながら死語でしかあり得ませんでした。真の対話とはどのようなものでしょうか。それはそのまま、宗教における祈りへの解答につながってくるものと思われます。

対話は、自己主張だけでは成り立たないことは、自明の理でしょう。自己主張に終始すれば、口論・激論に終わるだけでしょう。また、説得は、他者を同調せしめようとする、自己主張の働きかけにすぎないといえます。人間は、絶えず他と関係し合うことによって、個となり自己となり得るものですが、同時に自己の生は他者の生ではあり得ません。いいかえれば、あらゆる人は、一人として同じ生を受けて生きてはいない、ということに目を向けていくべきなのです。

この二つの人間存在を見つめることが、真の対話を考えるうえでの第一歩となるでしょう。自己を他者との関係において捉えることは、他者の外見において捉えることではないはずです。

お互に裃《かみしも》を付けたままでは、心が通い合うはずはありません。お互いに地位・名誉・物欲という着物を脱ぎ捨てて裸になったときにのみ可能になります。宗教の世界は着物だけでなく、心も裸になれと教えます。法然のいう「白木の念仏」「赤子の念仏」も、このような心境を言っていると思います。

仏教では、よく、人間の「独死独生」ということを説きます。人間は生まれてくるときも一人ですが、最後に死ぬときも一人で死ぬよりほかにありません。徳川家康が「人の一生は、重荷を背負うて、遠き道を行くがごとし、急ぐべからず」と遺訓したように、人間の独生独死の自覚は宗教的自覚につながるのです。それは、人間をどう考えるかではなく、人間をどう見るかの問題です。

釈尊が、まさに入滅する時期に至ったとき、弟子の阿難《あなん》は釈尊亡きあと何をよりどころにして生きていいかわからなくて悩みました。そのとき釈尊が、「阿難よ、この世でみずからを島（灯《ともしび》）とし、みずからをよりどころにして、他人をよりどころとせず、法を島（灯）とし、法をよりどころとして他のものをよりどころとせずにあれ」と説いたのが、「自灯《じとう》、法灯《ほうとう》、自帰依《じきえ》、法帰依《ほうきえ》」の説法です。「とりつくしまがない」とよくいいますが、その島とは、釈尊のこの言葉からもわかるように、よりどころのことです。

みずからを灯とし、よりどころにするためには、自己の存在をみきわめるしかないでしょう。独生独死の自覚に立つとき、自己の無力さ、有限さが自覚されてくるのです。そして、そこにこそ限りなき究極との出会いがあり、一対一のコミュニケーションが行なわれる場が現出してくるといえないでしょうか。

「諦める」という言葉があります。これは、もともと仏教から出た言葉です。一般に「仕方がないから諦める」と言えば、「中止する」、「放棄する」という意味になりますが、本来の意味は、このような消極的な意味ではないのです。「諦める」とは、「明《あ》きらめる」つまり「真実をみきわめ、明らかにする」という、積極的な意味合いを持つ言葉なのです。

人間の「祈り」は、「諦め」から出ていることが多いとしても、結局、精いっぱい、生きたいという希《ねが》いから出る自我の燃焼力といえます。強い祈りであればあるほど、自己の存在の無力さ、有限さの自覚からほとばしり出てくるものだともいえましょう。ひたむきな祈りは、無限なるものの存在の前にひれ伏す態度となってきます。

反対に、神仏を見失った人間は、じつは神仏を畏《おそ》れず、自分自身さえも識《し》ろうとせず、いたずらに埋没・逃避しているにすぎないともいえます。一見して、強きものに見えても、その実は傲慢《ごうまん》な自己主張の強がりをいっている姿以外の何ものでもないのです。そのような人間は、他者への憐れみはもとより、自己の〝生〟の輝きすらも知らない主体性のない存在でしかないでしょう。神仏に対して恭順な人ほど、自信に満ちた、ほんとうの意味での畏れを知らない人間に生まれ変わることが可能だといえましょう。

今日のような人間不信の時代の中に、形はともあれ、永遠なるものへの出会いは必要だと思います。ご利益を求める人は弱い人間であり、その弱さの自覚こそが、より豊かな人間性をはぐくみ、よりよき人生の展開となっていくでしょう。そうなってこそ、はじめて人間の祈りは実を結び、そこにこそ、真のご利益があるといえるのです。

◆著者略歴
藤井 正雄（ふじい まさお）
仏教学者、大正大学名誉教授、浄土宗僧侶。
東京生まれ。1957年に大正大学文学部哲学科卒業。63年同大学院博士課程単位取得退学。同年大正大学講師。大正大学助教授、教授、文学部長。ハーバード大学ライシャワー研究所客員研究員。日本生命倫理学会会長、京都大学再生医科学研究所倫理委員会委員を歴任。論文「仏教儀礼の構造比較」にて、日本宗教学会賞受賞。浄土宗勧学。文学博士。日本人の宗教生活の実態を明らかにするため、宗教人類学を方法にして、歴史や儀礼を研究。2018年遷化。

日本人の“ご利益”信仰

2023年3月31日　初版第1刷発行

著　者　藤井 正雄
発行者　池田 雅行
発行所　株式会社 ごま書房新社
〒102-0072
東京都千代田区飯田橋3-4-6
新都心ビル4階
TEL 03-6910-0481（代）
FAX 03-6910-0482
カバーデザイン　（株）オセロ 大谷 治之
DTP　海谷 千加子
印刷・製本　精文堂印刷株式会社

ISBN978-4-341-08830-9 C0015

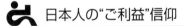